東郷見聞録

～世界一周プロレス放浪記～

ディック東郷

彩図社

2011年8月、オーストラリアから始まったワールドツアーでは世界を転戦。約1年半の間に数多くの国を回り、様々なレスラー相手に39試合を戦った。

アメリカ

人気のエル・ジェネリコと対戦

メキシコ

弟子たちと一緒に

グアテマラ

地元の英雄と激しい流血戦

ボリビア

ＴＶ番組に出演！

アルゼンチン

謎の八角形のリング

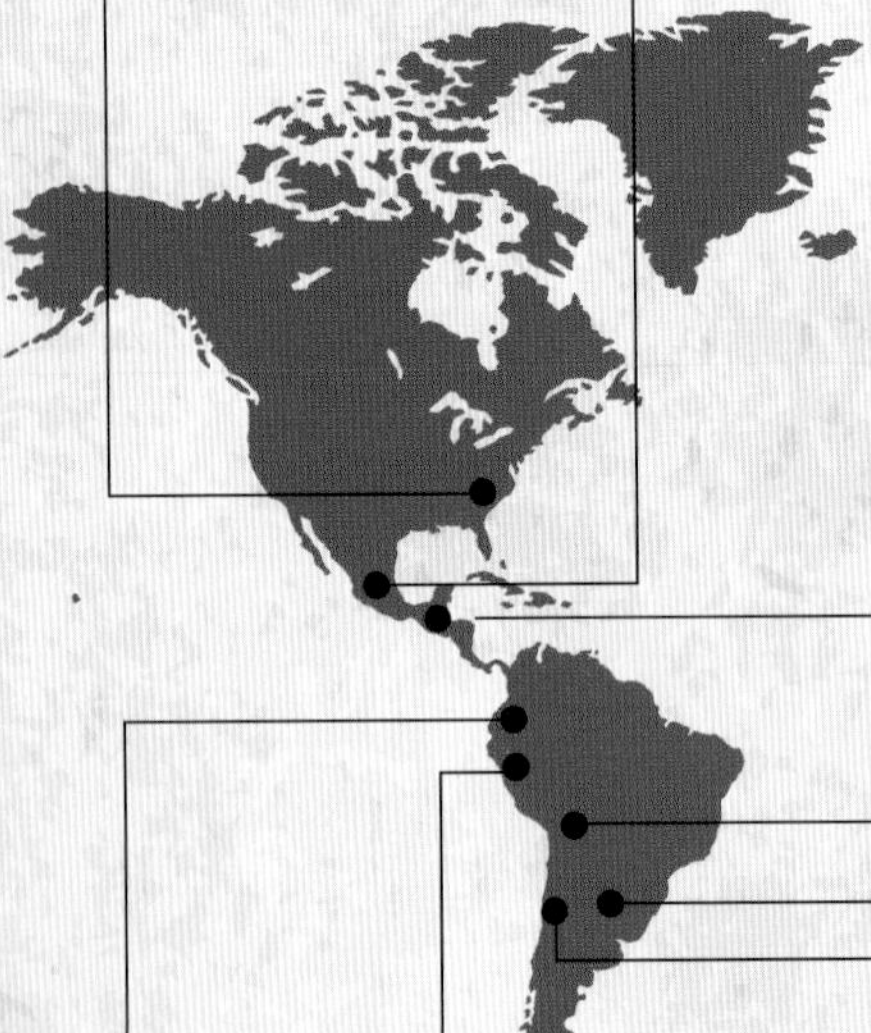

エクアドル

プロレス団体WARの選手たち

ペルー

ファンの声援に感動！

チリ

グレート・チリに変身

ワールドツアー　激闘の記憶

イギリス　会場は名劇場

空中殺法で翻弄

フィンランド

イタリア

コロッセオを見学

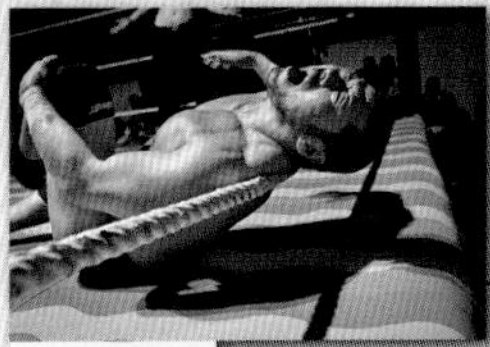

ベルギー　バーで死闘

記念興行のメインに出場

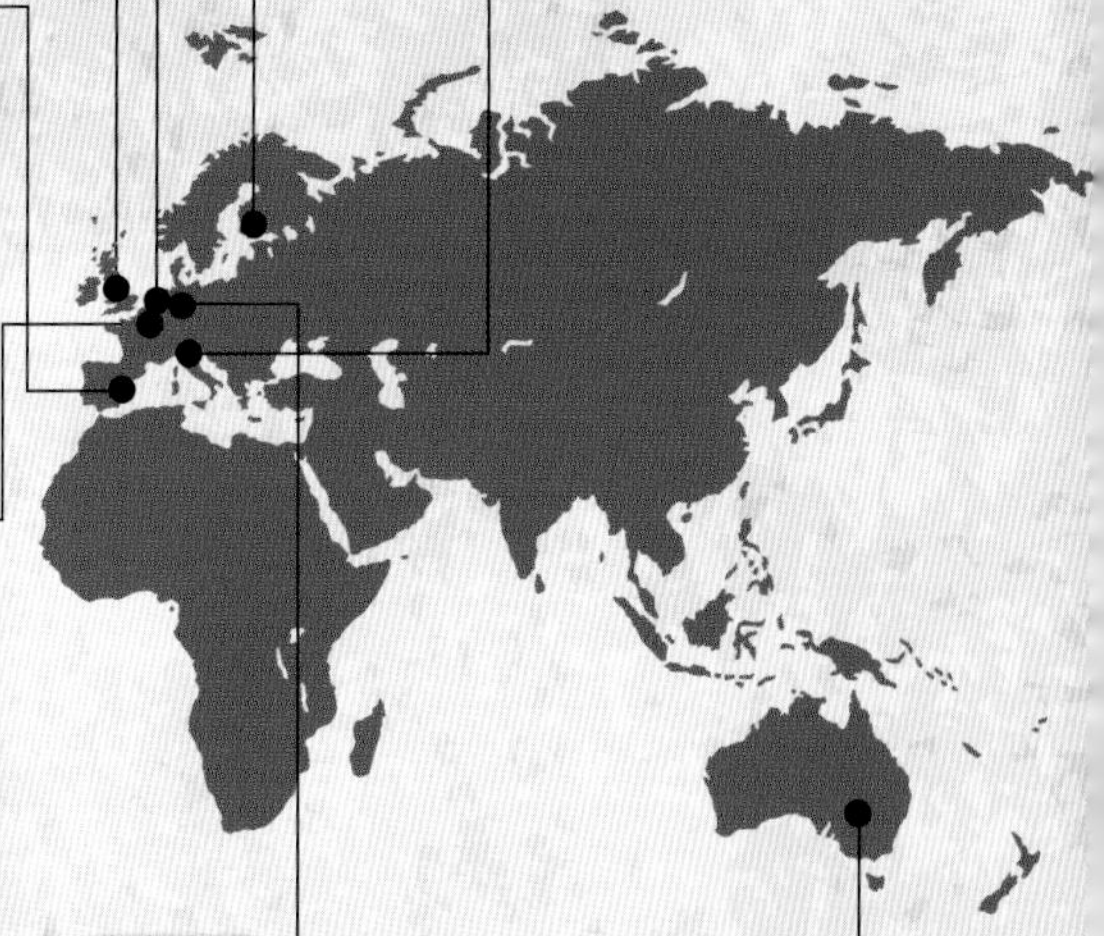

スペイン

スペイン唯一の団体で試合

フランス

倉庫のようなだだっ広い会場

ドイツ

恐怖の大王、フィット・フィンレーと対決

オーストラリア

クロスフェイスで締め上げる

ワールドツアー　旅の思い出

①ボリビアのウユニ塩湖にて　②チェ・ゲバラ終焉の地であるボリビア・イゲラ村。ゲバラの胸像の前で手を合わせる　③ゲバラが銃殺されたイゲラ村の学校の教室で、引退記念のＴシャツにサイン　④オーストラリア随一の観光名所、エアーズロック　⑤アルゼンチンで見つけたユニークなグラフィティ　⑥イタリア・ローマの真実の口　⑦エクアドル・キトの赤道記念モニュメント　⑧ペルー・マチュピチュ遺跡　⑨美しい白砂のビーチが広がるチリ・アントファガスタ海岸　⑩エクアドル・グアヤキルのイグアナ公園

東郷見聞録

～世界一周プロレス放浪記～

ディック東郷

彩図社

はじめに

「わたくしディック東郷は来年6月をもって日本国内でのプロレス活動を引退することを発表します。なお、来年6月の国内引退以降は、1年間海外を回りながら試合を行い、最後はボリビアで引退試合を行います」

2010年4月9日、DDTプロレスリング高木三四郎社長に記者会見の場を作って頂いた俺は、引退を発表した。40歳のときだ。突然の引退発表にレスラーを始め、ファン、マスコミ関係者はさぞや驚かれたことだろう。引退の理由は、レスラーとしてコンディションが一番良いときに引退したかったからだ。脂の乗っている今だから引退する。体が動かなくなり惨めな姿を晒してリングを去るより、一番輝いているときに惜しまれつつ引退するというのが、俺が思い描いた引退の美学だったからだ。そしてもうひとつ。最後は世界中で思う存分プロレスをして、ボリビアの地で引退したいと考えていたからだ。

なぜボリビアなのか、不思議に思われる方もいるだろう。ボリビア、そこはチェ・ゲバラが39

年の生涯を終えた地。キューバ革命を成功させたゲバラは、次なる革命の地として選び潜伏していたボリビアで捉えられ、銃殺刑に処されたのだ。

外国で見つけたTシャツに描かれた印象的な顔。それがゲバラとの出会いだった。最初は単になんかかっこいいなと思った程度だったが、死ぬときまで戦いを全うしたゲバラの人生を知ると、いつの間にか強く惹きつけられるようになっていた。そして、死ぬまで戦った彼の人生は、プロレスという戦いを続ける俺を支えてくれた。本や映画の中の人間像しか知らないけれど、俺にはとても魅力的な人間に思える。子供の頃、ウルトラマンや仮面ライダーに憧れたように、大人になってから俺は、チェ・ゲバラに憧れたのだ。

ゲバラが革命を起こしたキューバは何度も訪れているが、人生を終えたボリビアにはまだ行ったことがない。ゲバラがその戦いの人生の幕を閉じた地で、俺もプロレスラー人生の幕を閉じたい。その思いはいつしか、確固たる目標になっていた。そう決めた俺は、キューバのサンタクララにあるゲバラ像の前で、プロレスラーの最後をボリビアで終わらせると誓った。

そしてその誓いを実現させるには、ボロボロの体では不可能なのだ。

引退を発表してから1年と3ヶ月。ついに、この日がやってきた。

2011年6月30日、俺の国内ラストマッチとなる「ディック東郷国内引退興行〜IKIZA

MA〜」が東京・後楽園ホールで開催され、平日にも関わらず超満員札止めとなる1721人を動員した。このとき俺は41歳。肉体的にも精神的にも、最高の状態でこの日を迎えることができた。

国内ラストマッチの相手は外道選手（新日本プロレス）。外道さんは俺のプロレスの師匠であり、公私ともに尊敬できる先輩である。しかし21年間のプロレス人生において、外道さんとシングルマッチをしたことは一度もなかった。高木社長に「東郷さん、最後は誰と試合をしたいですか？」と聞かれたとき、真っ先に名前を挙げたのが外道さんだった。このことは、ずっと前から自分の中で決めていたのだ。

後楽園ホールの入場口で出番を待つ間、普段は一切緊張しない俺が、珍しく緊張していた。それは引退試合だからではなく、相手が外道さんだったからだろう。精神統一するため目を閉じていると、懐かしいテーマ曲が聞こえてきた。ZZ Topの「Sharp Dressed Man」だ。それは外道さんがユニバーサル時代に使っていた入場テーマだった。

ジムに行く金がなく、一緒に公園で練習した夜のこと。洗車のバイトを一緒に始め、一日で辞めたことなど、若かりし日の思い出が走馬灯のように甦る。この曲を使うなんて粋だよな。入場前にこみ上げる涙を必死にこらえた。

最初で最後の一騎討ちとなった、外道さんとのシングルマッチ。この試合には、自分が持っている技術を全て出し尽くしたといっても過言ではない。そして俺は誰よりも試合を楽しんだ。戦ってみて改めて、外道さんの技術力の高さを感じることができた。一見地味に見える攻撃だが、一発、一発が的確に入ってくる。しかし最後の力を振り絞り、俺の代名詞とまでなったダイビングセントーンで、外道さんから勝利することができた。俺にとって、この上ない最高の国内ラストマッチとなった。

試合後は盛大なセレモニーがあり、多くのレスラー仲間や、交流があった三遊亭円楽師匠からも花束を頂いた。俺はみんなの前で、必ずワールドツアーを成功させ、またここへ帰ってくることを約束した。

この国内引退興行を全面的にバックアップしてくれたDDTプロレスの高木社長、出場してくれた選手たち、協力してくれたスタッフ、応援してくれたファンの方、最後に念願のシングルマッチの相手を快く引き受けて頂いた外道さん。本当に感謝の気持ちでいっぱいである。

そして俺はボリビアを目指して旅に出た。

旅のテーマは「プロレスを楽しみ、世界を楽しむ」。

行く先々で観光もし、世界の美しさを堪能するつもりだから、かなり出費はかさみそうだ。予算の見積もりでは足りていない。まあ、金が尽きてもどうにかなるだろう。それでは最後の地・ボリビアまでバックパッキング・レスラーの旅にお付き合いいただきたい。

旅のスタイル

人旅行など旅のスタイルは色々だが、今回の俺の旅はバックパック
の。そのため従来のバックパッカーとは いくつか違う点がある。

■POINT 2

食事はしっかり摂るべし！

荷物がとにかく多い。靴だけでも、普段履く靴の他にレスリングシューズ、トレーニングシューズと最低でも３足。それにコスチュームが２セット。そのほか、テーピング、サプリメント、薬、練習着、ジャージ etc... と、レスラーならではの荷物がたくさんあるのだ。

スペインでは子豚の丸焼きも食べた▶

■POINT 4

プロレス中心の旅にすべし！

オーストラリアから始まり、ヨーロッパ、アメリカやメキシコなどの中米諸国を経て、南米に至る。プロレスすることが前提なので、バックパッカーが敬遠しがちなヨーロッパにも長めに滞在。日本ではあまり知られていないが、ヨーロッパはプロレスが盛んなのだ。

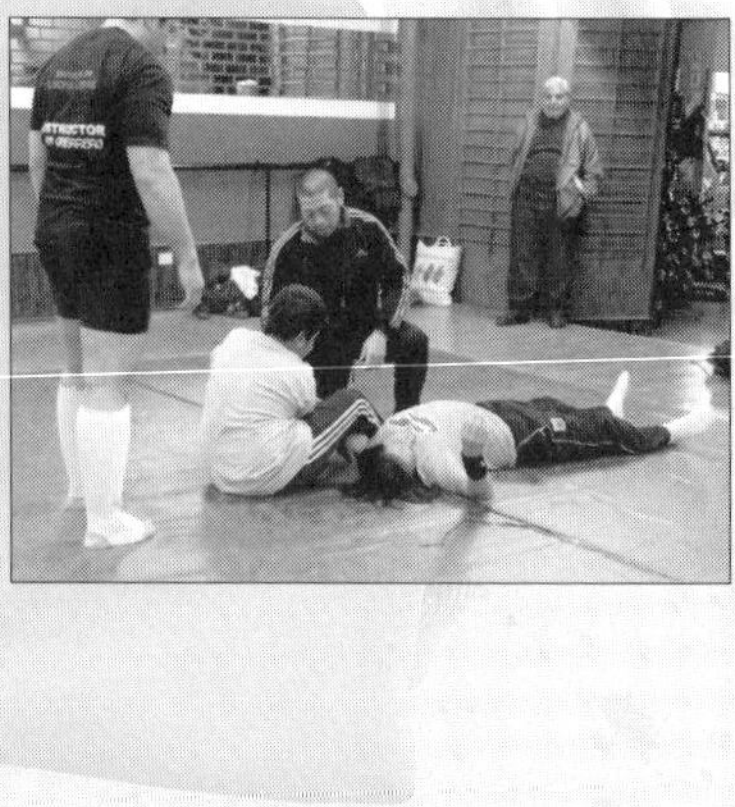

プロレス教室も行く先々で開講▶

■『東郷見聞録』訂正表

『東郷見聞録〜世界一周プロレス放浪記〜』(第一刷、2020年1月24日発行) の10ページ、「ディック東郷の旅のスタイル」内、「Point 2 食事はしっかり摂るべし！」の説明文が重複しておりました。謹んでお詫びするとともに以下のように訂正させていただきます。

【正しい説明文】
バックパッカーにありがちな「何でもいいから食事を安く済ませる」というわけにはいかない。肉体を維持するためには、最低限の食事とサプリメントが必要になる。プロレスラーの場合、食べることもトレーニングのひとつなのだ。

バックパック・レスラー

ディック東郷の

旅のスタイルは人それぞれだ。ツアー旅行、豪華客船クルーズ、個
を背負い、プロレスをしながら世界中を回ろうという類を見ないも

■POINT 1

荷物は効率よく詰めるべし！

荷物がとにかく多い。靴だけでも、普段履く靴の他にレスリングシューズ、トレーニングシューズと最低でも3足。それにコスチュームが2セット。そのほか、テーピング、サプリメント、薬、練習着、ジャージ etc... と、レスラーならではの荷物がたくさんあるのだ。

バックパックを背負うとこんな感じ▶

■POINT 3

安全な宿に泊まるべし！

バックパッカーといえば安宿に泊まるのが定番だが、盗難被害を避けるためにいくら安くても大部屋のドミトリーにはなるべく泊まらないようにした。大事なコスチュームを盗まれたら、旅が終わってしまうからだ。これはある意味、お金を盗まれるより痛い。

ドミトリーは安価だがリスクも▶

全39戦　闘いの記録

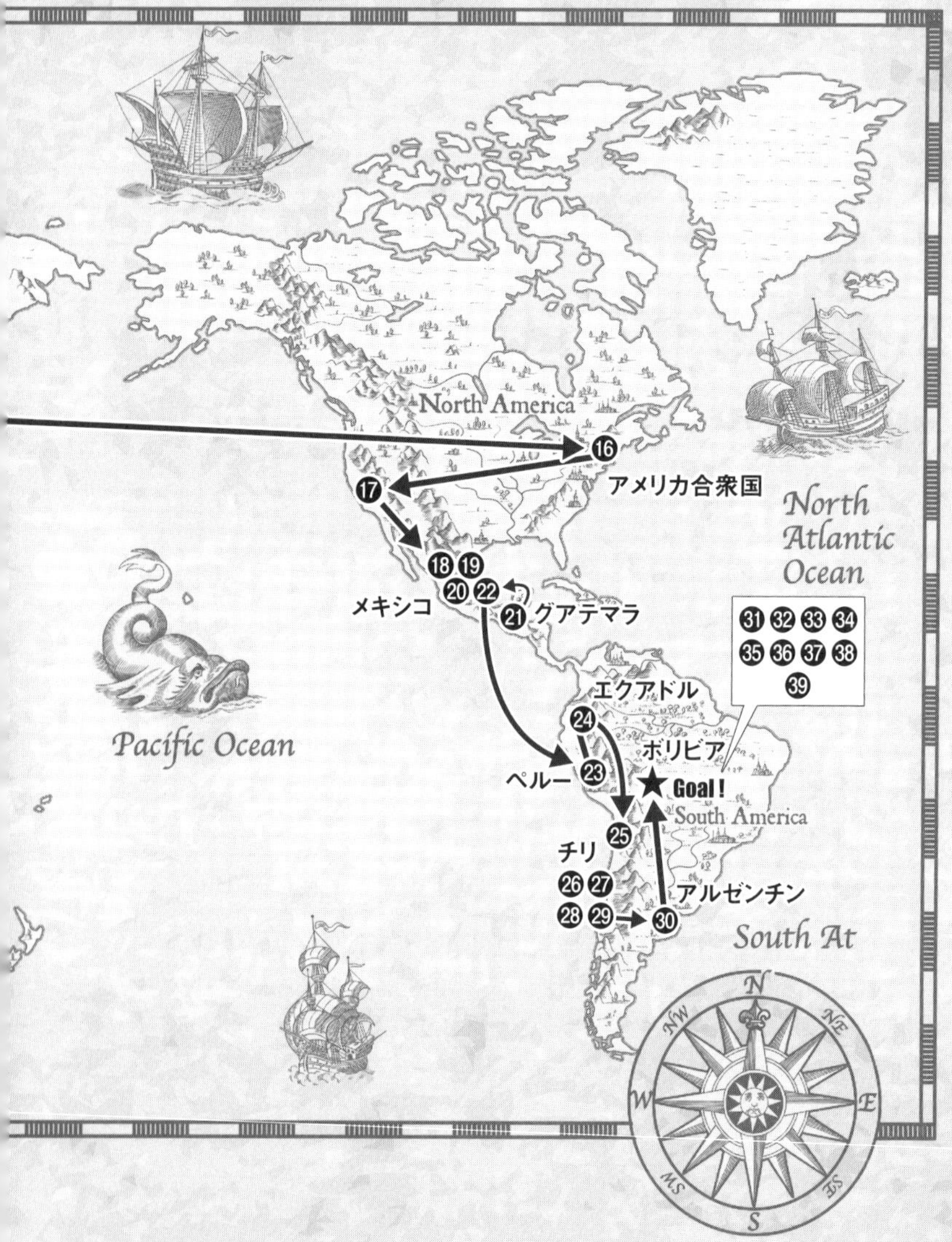
North America
16
アメリカ合衆国
17
North Atlantic Ocean
18 19
20 22
21
メキシコ
グアテマラ
31 32 33 34
35 36 37 38
39
エクアドル
24
Pacific Ocean
ボリビア
23
ペルー
Goal !
South America
25
チリ
26 27
28 29
30
アルゼンチン
South At
N
NE
NW
W
E
SW
SE
S

世界一周プロレス放浪記

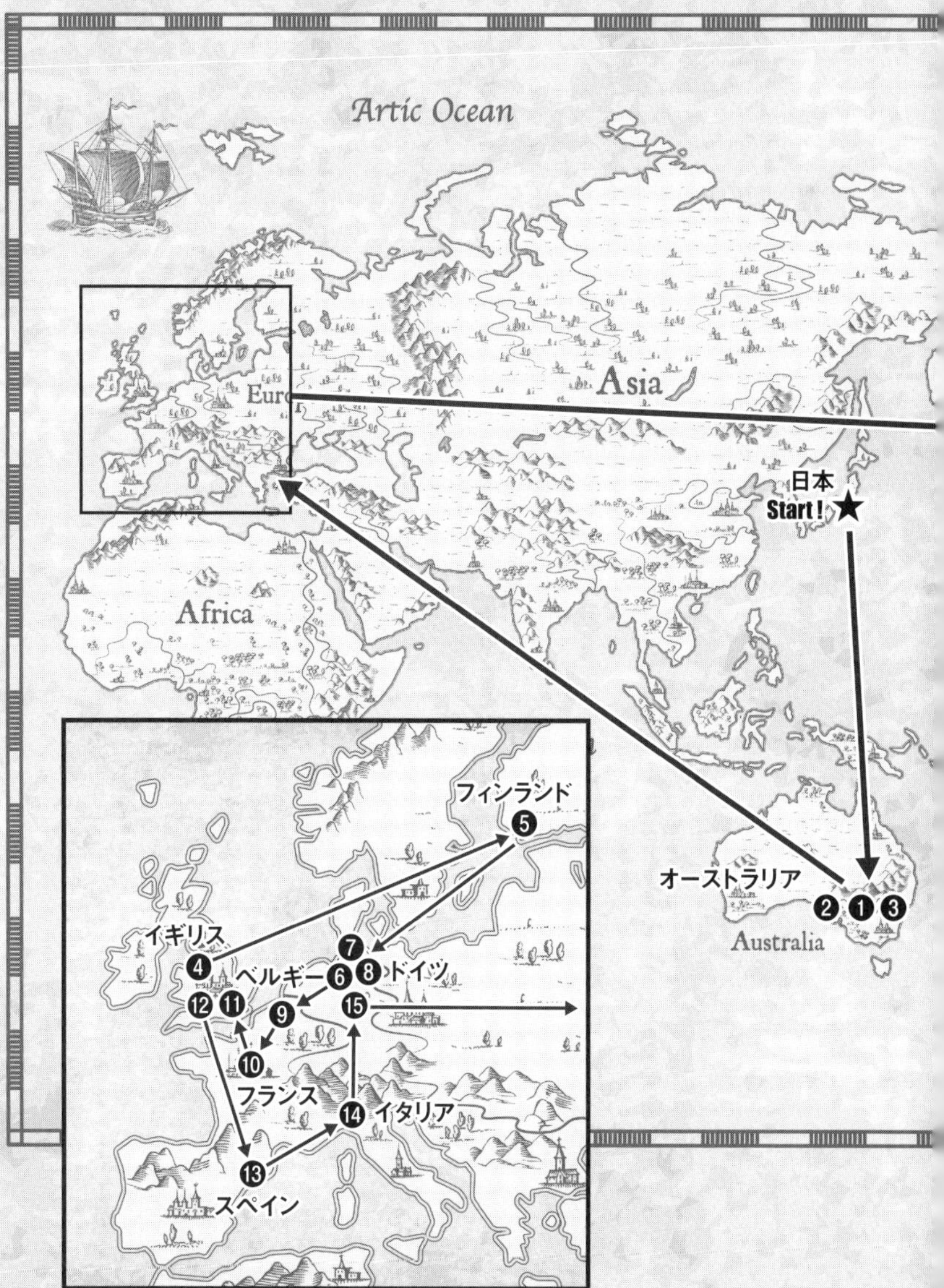

〈東郷見聞録　世界一周プロレス放浪記　目次〉

※本書の記述は２０１１年8月1日から２０１２年10月にかけて行ったワールドツアーをもとにしています。登場する人物や国家、都市などの状況や情勢はその後変化していることがあります。

第一章　オーストラリア編

最初の闘いの地、オーストラリアへ

国内引退から1ヶ月後の2011年8月1日。俺は成田空港にいた。ワールドツアー出発の日だ。

総重量22キロの大きなバックパックを背負うと、これから始まる未知なる冒険に「ようし、やってやろうじゃないか！」という気持ちになった。

午後8時、成田空港を出発して約10時間後、オーストラリアの玄関口キングフォード・スミス空港に到着した。オーストラリアは年中暑いイメージがあったが、日本とは季節が逆で、8月は真冬。当然ながら寒く、すぐにバッグからダウンジャケットを取り出して着た。

オーストラリアは世界一検疫が厳しい国と聞いていたが、特に調べられることもなく、スムーズに通過。まぁ、見つかって困るような物も持っていないが。空港でとりあえず1000ドルを両替し、タクシーをピックアップして、予約してあるホテルへ向かう。朝ということもあり通勤ラッシュと事故渋滞が重なり、15分で着くはずが1時間もかかった。料金も3倍かかった。のっけからついてない。

正直な話、このツアーにはかなり金がかかった。愛車を売り、それでも足りない分は妻に頼み込んで、結婚式の費用にと貯金していた金まで旅の資金にしてしまった。妻の協力がなかったら、この計画を実行することは不可能だっただろう。

この旅に不安がなかったかといえば嘘になる。しかしそれ以上に、初めて訪れる国、そしてワールドツアー最初の国にやってきたことに、ワクワク感が半端なかった。とにかく気合いが入っていて、最後は何がなんでもボリビアにたどり着き、そこで最後の試合をやる覚悟を決めた。

その最終目的の前に、もう一つやりたいことがあった。それは世界のプロレスを肌で感じ、そして自分の持つプロレスの技術を広めること。だからプロレス教室の依頼があれば、積極的に引き受けるつもりだ。

成田空港にて。さあ、出発だ！

ともあれ最初の国にきたわけだ。

世界をプロレスしながら回るこの旅だが、実はこの時点で決まっているのはオーストラリアの初戦とその後の数試合のみ。あとは現地でプロモーターとやりとりしながらブッキングしていく予定だ。

このプロレスツアーのためにFacebook

を始めたところ、意外な国のプロモーターからもコンタクトがあったし、まあ行けばどうにかなるだろう。

★2011年8月5日　ワールドツアー第1戦

敗戦から始まったワールドツアー

【団体】ＰＷＡ（代表：ライアン・イーグルス）【場所】シドニー郊外リバプール【会場】リバプール・メソニック・センター【試合】ライアン・イーグルスとシングルマッチ（メインイベント）。イーグルスクラッチで敗北。

シドニーに入って4日目。記念すべき世界引退ツアーは、敗戦で始まった。

会場はシドニー郊外のリバプールという街にある「リバプール・メソニック・センター（Liverpool Masonic Centre）」だ。

日本出発前からオファーをもらっていたのだが、海外ではドタキャンもよくある話。試合が終わるまで安心できないのが、海外の怖いところでもある。しかも、オーストラリアは初めての国。

当然、知っているレスラーもいないし対戦相手も聞かされていない。全く情報がない状況だったので、実際にリングに立つまでは「本当に試合できるのか？」と不安で仕方がなかった。

しかし、不安は一瞬で吹き飛んだ。ホテルにプロモーターがちゃんと迎えにきてくれて、会場までの道中に「今日はメインでシングルマッチだから頼むぞ！」と言われる。街にはポスターが貼られ、ど真ん中に俺の写真。「ジャパニーズ・スター」とまで書かれている。こりゃ、逆にプレッシャーだなぁ。まぁ、ここまできたらやるしかない。

街中に貼り出されたPWAのポスター

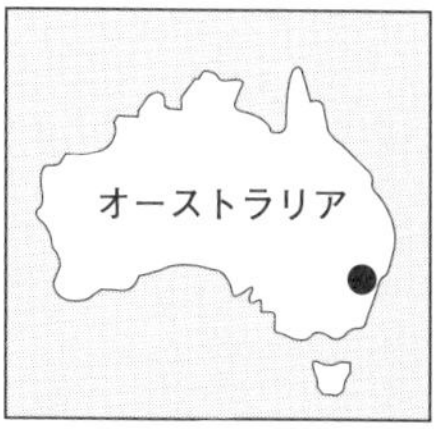

▶シドニー

PWA（Pro Wrestling Australia）はシドニーを拠点にする団体で、代表を務めているのはライアン・イーグルス（Ryan Eagles）という選手だ。髭を生やした優しいおじさんという感じで、例えて言うならちょっと悪そうなC・W・ニコル。俺より歳は若いと思うけど、やけに落ち着いていて貫禄がある。実は彼の奥さんも女子プロレスラーで、マジソン・イーグルスという選手。ＲＯＨやＣＨＩＫＡＲＡなどアメリカの人気インディ団体にも出ているし、レスラーとしては奥さんの方が稼いでいるかもしれない。そのぶんライアンはプロモーター業に打ち込めているようだ。選手の育成は頑張っているようで、新日本プロレスにきていたロビー・イーグルスもこの団体の出身らしい。

こういうツアーでは初めて会う外国人選手と対戦することがほとんどだが、まあいつもなんとかなるし、初めてのことを初めてのリングで体験したいというのもあって、深く考えずにそのまま リングに上がってしまう。試合ではいつもほどよい緊張はあるけれどガチガチになることはなくて、試合中にひらめいたことをその場でやってみることもよくある。走りながら「あ、今いいポジションにいるな」と思ったら、ロープに乗ってドロップキックをしてみたり。普段から技の練習は道場でもほとんどやらないし、意外と試合中に生まれることも多い。外国で初めての相手と当たるのは、理屈抜きに楽しいのだ。

この日の会場は町の中にある５００人ほど入る体育館。客入りは満員とまではいかないまでも、お客さんは熱狂的で、試合を観て大喜びしている。

俺の試合はメインで対戦相手はＰＷＡ代表のライアン・イーグルス。トップ選手だけあり表現力がずば抜けていてなかなかの威圧感だが、経験値は俺の方が上だ。終始、自分のペースで試合を進めるも、最後は丸め込まれて敗戦。初戦を勝利で飾ることができなかった。しかし、試合前

PWA でプロレス教室。左隣にいるのが、団体代表のライアン。

はライアンに集まっていた声援が、試合後には大きな「トーゴー」コールに変化した。それを聞く限り、お客さんのハートは掴めた気がした。

控室に戻ると、試合前は無愛想だった若手選手たちがきて「素晴らしい試合でした」と握手を求めてきた。試合に負けたのは悔しいけれど、何か残せた気がする。

試合後、プロモーターにご馳走になったステーキの味は格別だった。

＊　＊　＊　＊　＊

第1戦の翌日は、同団体でプロレス教室を開催した。この旅では試合のほかにプロレス教室のオファーも多く、世界中で指導することになった。WWEに出ていたのはずいぶん昔のことなのにまだ覚えている人もけっこういて、ぜひ教えて欲しいという依頼も多い。試合のポスターに「元WWEのスターがきた！」なんて宣伝文句を打たれることも多かったし、WWEの効果は絶大なんだなと実感した。

今回の旅で指導の依頼を積極的に受ける理由は、ずっと感じていた指導者不足がある。日本、アメリカ、メキシコ以外の国では、団体に誰も教える人がいないことも多い。海外で修行した選手がいるならまだしも、テレビを見よう見まねで真似しているだけということもある。そういう状況を少しでも変えたいと思っていたのだ。

この日はオーナーのライアン夫妻も参加し、練習生2人を含む11人に基本的なプロレス技術を教える。最近はインターネット環境がどこにでもあるせいか、日本のプロレスが好きだという選手もすごく多い。話をしたヤツの中には全日本プロレス、それも馬場さん、ハンセン、ブロディの時代が大好きだという選手もいた。

このPWAは旗揚げして5年の地元密着型の団体。

所属選手は20人ほどで、月1回のペースで興行をしているそうだ。プロレス技術に関してはもう少し頑張ってほしい。ただ、将来大化けしそうな若手も何人かいた。プロレス技術が追い付いたら面白い団体になるだろう。

こういった未知の選手との出会いも、世界でプロレスをする醍醐味のひとつだ。

昨日の敵は今日の友

昨日の敵は今日の友。試合の翌日、対戦相手だったライアンが、ラグビー観戦に誘ってくれた。どうやらオーストラリアでは、サッカーや野球よりもラグビーが人気のようだ。そういえば、テレビをつけると常にラグビー中継を放送している。今では日本でもラグビーの人気が高まっているようだが、俺は正直なところ一度も興味を持ったことがなかった。しかしせっかくの誘いなので、連れて行ってもらうことにした。

そんなわけで、シドニー・フットボール・スタジアムへ。不思議なもので、全くラグビーに興味がなかった俺も、スタジアムの中に入るとテンションが上がってくる。もっと地味な会場を想像していたのだが、試合の模様はどデカいモニターに映し出され、会場ではオーストラリア風の巨大なホットドッグなども売っていて、華やかだ。客はまばらに見えたが、実は1万8000人以上の客入りだという。どんだけ広いスタジアムなんだ。

連れてきてくれたライアンは「こうやってミートパイを食べながらラグビーを見るのがオージー流さ」とドヤ顔。俺もミートパイを食べながら、ライアンが贔屓にする「タイガース」を一緒に応援する。

ちなみにこの旅では、どこで覚えたのか分からない英語とスペイン語で適当にやりとりをして、あとは熱意で乗り切った。言葉についてそんなに深く考えたことはないが、それほど不自由はない。ホテルのスタッフはたいてい英語が喋れるし、この後で回ったヨーロッパでは基本的に英語が通じたし、フィンランドのレスラーもみんな英語を喋っていた。またオランダやベルギーあたりでは、３カ国語ぐらい喋れる人も多かった。俺は話すのはあまりできないけど言っていることは分かるので、それに一言二言返すという変則的なキャッチボールになる。このあともずっとそれで通した。

さて隣のライアンはというと、「プロレスの試合よりもエキサイトしてないか!?」というぐらい熱い男に豹変している。団体の代表だということもあり、最初は真面目そうでクールなヤツだという印象だったのだが、意外だ。聞けば、子供の頃からラグビーを観て育ったそうだ。日本でいう野球みたいなものなのだろうか。うちの親父もジャイアンツファンで、ジャイアンツが勝てば機嫌がよくなり、負けた日は機嫌が悪かった。クールなライアンが、休日のお父さん化するのを目の当たりにしたようだ。

試合はというと、ルールは分からないながら、ヤバい、スゲー面白い！　それぞれのチームのファンによる応援合戦を見ているのも楽しい。これはプロレスも同じで、とくにメキシコのプロレスであるルチャリブレは、選手と会場のお客さんとのやりとりを見るのも楽しいのだ。地元の応援もあり、タイガースの圧勝。ライアンもゴキゲンだ。会場の熱い雰囲気もあり、初観戦ながらラグビーにハマったかも。

プロレスもラグビーも、やはりライブが楽しい。

幻と消えた第2、3戦。だって海外だもの

オーストラリアに入って2週間。8月13日はクイーンズランド州でAWEという団体の試合に出る予定だったが、前日にキャンセルになる。

理由は知らされていないが、海外ではよくあることだ。だって海外だもの……と、相田みつを風に強がってみるものの、やっぱり腹立たしい。すっかりクイーンズランドに移動する気でいたので、ホテルをチェックアウトしてしまったのだ。

急遽シドニーにホテルを取らなくてはならなくなり、慌ててネットで探すが土曜日でどこも空いていない。しかも、どこも高い！　何とか見つけてホテルへ移動するも、午後2時まで部屋に入れない。

荷物は預かってもらえるので、メインバッグを預けて時間を潰すことに。まずは気を取り直して腹ごしらえだ。腹が減っては戦はできぬ。あっ、試合はキャンセルになったんだった。

ようやくチェックインの時間になり、ホテルへ戻る。しかし部屋の番号が911。アメリカ同時多発テロを彷彿させる不吉な数字だった。イヤな予感とともに眠る。

イヤな予感は的中し、13日に続き14日の試合もキャンセルになる。今回も理由は知らされていない。さらに、翌月のイギリスの試合もキャンセルになる。団体が潰れたそうだ。

海外では当日になるまで何があるか分からない。まあそれも海外あるあるだ。

若手の海外修行は、技術的なことよりもメンタル面が大きいかもしれない。技術でいえば、日本の方が高いだろう。団体が海外に放り込むのは、日本語が通じない環境だったり、初めての選手と試合をしたり、そういったことでメンタルを鍛えることを期待してだと思う。それに外国には日本にない技もあるから、いいものは盗んで自分のものにすれば、技術の幅も広がる。特にメキシコには無数のジャベ（関節技）がある。これは日本でも使えるけどこれは受けないだろうなど、見る目も養える。日本人のレスラーは、やっぱり海外に出たほうがいいと思う。

俺もユニバーサル時代にメキシコに放り込まれて以来、若い頃から試合でも旅行でも海外には幾度となくきているが、本当に海外は思い通りにならないことだらけ。しかしそれ以上に「国が違えばこんなに違うんだ」という発見の方が多く、好奇心を刺激される。今は外国に行くことに何の抵抗もないし、そういう旅暮らしが向いていたのかもしれない。

★2011年8月19日 ワールドツアー第2戦

まるでフェス！ バンドのライブやバーレスクもあるジョイント興行に参戦！

【団体】ＮＷＡ（代表：ハートリー・ジャクソン）【場所】アデレード【会場】フォーラーズ・ライブ
【試合】ロビー・ハートとシングルマッチ（メインイベント）。グラハム・ブラザーズの介入→ダイビングセントーンで勝利するも、ディック東郷＆グレッグ・グラハム＆ジョイ・グラハム組vsウィル・ギブソン＆ダミアン・スレーター＆ロビー・ハート組の６人タッグマッチに移行。ロビーがスプラッシュでジョイから勝利。

大会4日前、プロモーター兼レスラーのハートリー・ジャクソン（Hartley Jackson、以下ジャック）から、飛行機のバウチャーが送られてきた。

飛行機の出発時間を見ると午前6時45分。1時間前にチェックインするってことは……スゲー早いじゃん！

午前3時30分にアラームをセットして、夜9時にベットに入る。んん……寝られない。こんな早い時間から寝れる気がしない。無理に寝ようとすればするほど目が冴える。そうしているうちに寝過ごさないかだんだん心配になり、余計に眠れなくなった。

結局ほとんど寝られずじまいで空港へ。シドニーからアデレードまでは、約2時間。国内だが時差が微妙に30分ある。自分は席に着くや離陸するのも気付かずに爆睡。ガクンという衝撃で目を覚ますと、そこはもうアデレードだった。

空港にはジャックが迎えにきてくれていた。車の中で興行のコンセプトや対戦相手の情報を聞く。どうやら普通のプロレス興行ではなさそうだ。ショーは午後7時30分から。時計を見るとまだ午前9時なので、時間までホテルで休むことにした。

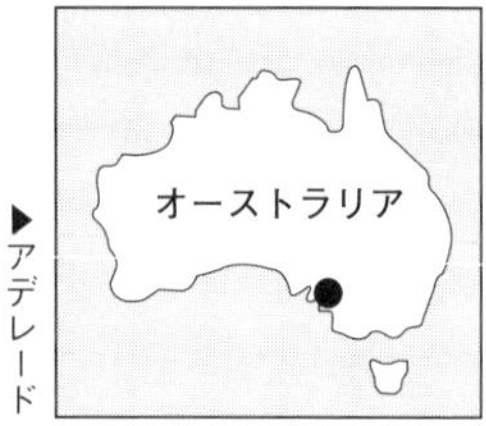

出場したNWA（NWA Pro Wrestling Australia）は、ジャックがオーナーを務めるアデレードの団体だ。
この日の会場は「フォーラーズ・ライブ（Fowler's Live）」というライブハウス。会場入りすると、ステージではミュージシャンがリハーサルを行っていた。控室には全身タトゥーのイカツイお兄さんや、少々露出が過剰な女性たちもいる。今日は、ロックバンド、プロレス、バーレスクのジョイント興行なのだ。
海外ではライブハウスで試合というのは珍しくなく、他の国でも何度か経験している。１００

控室には全身タトゥーのイカツイお兄さんの姿も

人ぐらい入れる会場で、観客はバーで注文したアルコールを片手に、好きな場所で立って見る。アルコールが入っているので会場の盛り上がり方はハンパなく、イカれているといっていいほど。

つまり、プロレスをやるにはピッタリだ。

ロックバンドが終わると、いよいよ俺の出番だ。

対戦相手はロビー・ハート（Robby Heart）。日本のプロレス団体「ZERO1」のトーナメント戦「天下一ジュニア」にも出場したことがある若手のホープだ。

ちなみに代表のジャックも日本に何度もきているし、日本でキャリアを積みたいという外国人選手は多い。日本のプロレスのレベルの高さは世界基準とされているのだ。

入場したときはチラホラだった微妙なブーイングも、リングアナウンサーが日本vsオーストラリアの構図を煽った途端に完全にアウェイ状態に。お客さんもアルコールが入ってきて、かなりエキサイト

ロビー・ハートにクロスフェイスが決まる

している。俺が攻撃するとブーイングが飛び、ロビーが攻撃すると大きな声援が飛ぶ。分かりやすいことこの上ない。

しかし同時に、俺のヒール魂に火が点いた。汚い技を使って客を煽る。久々のブーイングが心地いい。試合は俺のペースで進んだ。

終盤、ダイビングセントーンをかわされ、ピンチに陥る。しかし、大技でたたみかけてきたロビーがコーナーに登ったそのとき、ロビーと敵対している「グラハム・ブラザーズ（Graham Brothers）」が乱入し、コーナーの上にいるロビーを押したのだ。目の前にロビーが落ちてきた。すかさず俺はペディグリーからのダイビングセントーンを決め、棚ボタ的にワールドツアー初勝利！

試合は終わったかに思われたが、納得のいかないロビーはマイクで6人タッグを要望。良く分からないままゴングが鳴らされ、そのまま再び試合がスタート。ディック東郷、グレッグ・グラハム（Greg Graham）、ジョイ・グラハム（Joey Graham）組vsウィル・ギブソン（Will Gibson）、ダミアン・スレーター（Damian Slater）、ロビー・ハート組の即席6人タッグマッチは、場外で乱闘しているうち、いつの間にかロビーがスプラッシュでジョイから勝利していた。

個人的にはなんだか消化不良な試合だったが、そんな気持ちとは裏腹に、酔っぱらったお客さんはオールスタンディングでアルコールを片手に大興奮。会場は大盛り上がりだった。

控室に戻るとビールとワインが用意されており、戦いを終えた選手たちと乾杯。空腹と寝不足の体に、アルコールがぐいぐいと巡るのを感じる。ホテルに帰ると深夜1時を回っていた。ベッドに横たわると、泥のように眠ったのだった。

＊　＊　＊　＊

翌朝、ジャックがやってきて、野太い声で「俺の街を案内してやるぜ」と言った。

ジャックは海外経験が豊富なレスラーで、普段はジムを経営しており、そこで指導もしている。モヒカンで体もデカくイカツイ風貌だが、すごく面倒見のいい親切なヤツで、いわゆる「いい人」だ。

海外にきて時々感じるのは、日本を経験した人の親切さだ。日本に滞在したときに、周りの人たちに親切にしてもらったのだろう。日本という国を丸ごと好きになってくれている気がする。俺も外国では、直接面識がない選手が、「日本が好きだから」とか「日本に行ったときにお世話になったから」とかで、すごく良くしてくれることがある。親切って巡るんだなと思う。そういうのって、大事なことだ。

さて、そんなジャックに食べたいものを聞かれ、パンケーキが好きだと言うと、「俺のお気に入りのパンケーキを食べさせてやるぜ」と、地元で有名なパンケーキ店へ連れていってくれた。ジャックが声をかけた屈強な7人のスイーツレスラーとともに、肩を寄せ合ってパンケーキを食べる。パンケーキのあとはジャックの車で、ジャックのイチ押しの海、ジャックのイチ押しの川、ジャックのイチ押しの丘を堪能した。どこも何の変哲もないのどかな風景だが、試合でエキサイトするからこそこういう自然には癒やされる。小さな街アデレードに有名な観光地はないが、のどかで自然がいっぱいで、個人的な「世界の住みたい街ベスト10」にランクインした。

すべての旅を終えたら、またアデレードに戻ってきたい。

★2011年8月27日　ワールドツアー第3戦

嫌われ者の相方と阿吽の呼吸でヒールファイト

【団体】ＡＷＦ（代表グレッグ）【場所】シドニー郊外ブラックタウン【会場】ブラックタウンＲＳＬ（大会名：Psychotic Slam 2011）【試合】ジェイ・ロウ&ディック東郷組vsアイアン・ベン・コールズ&パワーハウス・テオ組のタッグマッチ（メインイベント）。ディック東郷がコールズにダイビングセントーンで勝利。

大会2日前、AWF（Australasian Wrestling Federation）代表のグレッグ（Greg Bownds）からメールが届いた。

「スペースボーイ（Spaceboy）という者が、午後4時にホテルに迎えに行きます」

スペースボーイ……宇宙飛行士みたいなのがやってくるのだろうか？

大会当日、午後4時にホテルのロビーで待っていると、入り口からゴッついヤツが入ってきた。きっとスペースボーイだと思い立ち上がると、横を素通りしてフロントへ行ってしまった。なんだ、違ったか……。オーストラリア

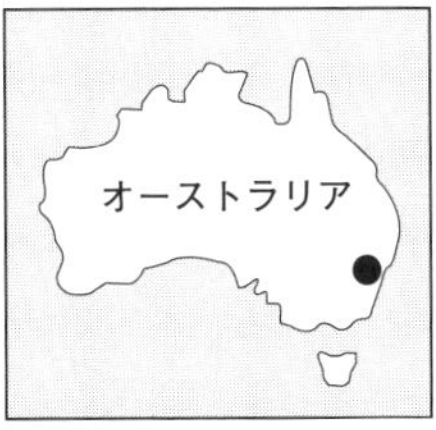

ホテルに迎えにきてくれたスペース・ボーイ

にはレスラーばりに体のゴッい人が多いのだ。

そこから待つこと10分。１人の青年が近づいてきて「トーゴーサン、アイム、スペースボーイ」と名乗った。勝手に近未来風の服装を想像していたのもあるが、あまりに普通の風貌でびっくりした。どこにでもいそうなというより〝チャラい〟若者だ。最初に見た人の方がレスラーっぽかったな。

会場までは1時間ほどと聞いていたが、渋滞で2時間近くかかった。会場に着いたのが午後6時。午後7時の試合開始までに控室で挨拶や着替えを済ませ、リングの感触を確かめる。団体によってマットの固さ、ロープの張りや高さが全然違うので、リングのチェックは重要だ。

今日の会場は、ブラックタウンという街にある「ブラックタウンＲＳＬ（Black Town RSL）」という多目的ホールで、試合は全部で10試合。俺はメインでタッグマッチをすることになっており、出番まで暇だったので、ステージの隅から試合を見る。

お客さんの入りはというと、５００人ぐらいは余裕で入りそうな会場に２００人ちょっとかな。ちょっと寂しい入りだ。グレッグは「今日は大きなラグビーの試合と重なってしまったんだ……」と嘆いていた。ラグビー人気が如実に現れるとは、さすがはオーストラリアだ。グレッグは加えて、客入りが減少した原因を「ＷＷＥが毎日のようにＴＶ放送し始めてから、お客さんが会場に足を運ばなくなった」とも言っていた。オーストラリアのプロレス業界も厳しい状況のようだ。試合の方は、前半戦は見ていてけっこう〝ツラい〟試合が多かった。

会場のブラックタウンRSL。大型ビジョンなども用意されていた。

午後10時を回り、いよいよ俺の出番だ。持参したＭＤが機械に合わなかったようで自分のテーマ曲での入場とはならなかったが、スクリーンには大きくＤＩＣＫ　ＴＯＧＯの文字が映し出されている。リングに上がり、リングアナがコールをすると、客席からは拍手が沸き起こる。どうやら今日は歓迎されているようだ。しかし、相方のジェイ・ロウ（Jay Law）には凄いブーイング！　かなりの嫌われ者らしい。

そして対戦相手がコールされると、会場が大きな声

対戦相手のイケメンコンビをいたぶる

援に包まれた。女性たちの黄色い声まで飛んでいる。……確かにイケメンだ。黄色い声を聞くと、いたぶりたくなるのがヒールの性《さが》。どうやら相方も同じ気持ちらしく、試合が始まると初対面にもかかわらず阿吽の呼吸でヒールファイトを展開した。

こういったツアーだと、その日初めて会う選手とタッグを組むことも多い。俺は誰が誰だか分からないので、たいてい向こうから自己紹介してくれる。で、大体それだけ。「どんな技を持ってる？」とか「試合で何をやる？」とか軽く聞くぐらいで、それ以上は特に話はしない。試合の前って、そこまで深く考えないのだ。たとえ事前に自分たちのスタイルをある程度話したとしても、本番では言わなかったこともするし。だからリング上の15分の間は、初めて生で動きを見ることになる。「ああ、こういうことができるんだ」と、コーナーに控えながらタッグパートナーの動きをチェックする。客観的に相手のスキルを確認する時間も楽しい時間で、プロでよかったなと思う瞬間だ。

中盤、シルバーブレットを出すと場内が歓声に包まれ、そこからは「トーゴー！」の声援が聞こえ始める。最後は、相方ジェイ・ロウのスープレックスから、すかさずコーナーに上がりダイビングセントーン！　スリーカウントが入る。

しかし、長い興行だった。ビッグマッチでもないのに全10試合、4時間超えだ。海外の試合は、始まりも遅ければ試合も長い。全部終わって部屋に着いたのは、午前2時だった。かなり疲れたが、オーストラリア最後の試合で、やっと気持ちの良い勝利を手にすることができた。これで心置きなくオーストラリアを旅立てる。

初めてのオーストラリアを振り返って

ワールドツアーの最初の国であり、俺にとっても初めての国だったオーストラリア。色々と不安はあったが、終わってみれば大好きになっていた。思いの外、物価が高かったのが想定外だったが、それ以外は快適な旅となった。

試合のない日は、どこの国でも街歩きを楽しんでいる。このときのオーストラリアは冬だったが日中は日本の秋くらいの陽気で、暑すぎず寒すぎず、ちょうどいい。治安も良く、それほどピリピリと気を張らずリラックスして過ごせた。ジムに行く途中の公園で毎日ハトに囲まれていた

コアラパークでカンガルーと戯れる

鳩おじさん、奈良に行ったことを自慢していたタクシードライバー、俺のゲバラの帽子を見て喜んでくれたパン屋のおじさん……。たくさんの出会いもあった。

　ドライバーのマナーの良さには驚いた。横断歩道で待っていると、一時停止して渡らせてくれる。日本では普通のことだが、今まで行った国ではそんな経験がなかったから、余計にそう感じたのかもしれない。ドライバーに限らず、電車の中でも譲り合いの精神があるようで、若い人が自然にお年寄りに席を譲る姿には感心させられた。

　食事では、ミートパイやオージービーフなどオーストラリアを代表するフードも味わうことができた。最初は敬遠していたミートパイだが、一度食べたら病みつきになる味だ。〝世界一おいしい朝食〟といわれるシドニー発祥のカフェ・レストラン「bills」で朝食を食べたのも感動だ。

　観光もした。世界遺産のオペラハウスはさすがの迫力だったし、冷たい海風の中を歩いてハーバーブリッジへ向かったのもいい思い出だ。念願の「コアラパーク」でコアラやカンガルーと戯れた。そしてエアーズロックを前にし、夕陽を見ながらワインを飲んだことは忘れられない。

また、レスラーが体を作るには最高の環境だった。まずジムが多い。シドニーでは「FITNESS FIRST」というジムでトレーニングしていた。このジムは店舗数が多く、歩いているとあちこちで見かけるし、しかも会員になると全店舗利用可能なのだ。宿を変えてもたいていは近くにあり、とても便利だった。そしてジムの中は広く、マシンもたくさんある。日本と違って土足のまま練習できるしタトゥーもうるさく言われないので、快適なトレーニングができた。「GNC」（サプリメントショップのチェーン）などのショップもたくさんあるし、コンビニにも通常のプロテインバーはもちろん、一度に30グラムものたんぱく質が取れる高機能プロテインドリンクなど、サプリメントフードがいっぱい。レスラーのように体が大きい人が多いのもうなずける。とにかく筋力維持には困らない国だった。

でも体を鍛える環境はあるのに、オーストラリアにはあまりプロレス文化がなかった。とはいえイン

オーストラリアといえばココ。エアーズロックも訪れた。

ディー団体はいろいろあって、月に1回ぐらいはどこかで興行がある。それほど規模は大きくなく300人ぐらいの会場で、ビッグマッチのときはもう少し広い会場を押さえている。プロレススタイルはというと、どこもアメリカンプロレスを基本にしているようだ。ただ、彼らに先生がいるかというといなくて、俺のように海外から遠征にきた選手に教えてもらったりしながら、技術を伸ばしているようだ。最近では少しずつ日本やアメリカ、メキシコなどに渡航して技術を学ぶ選手も増えてきているが、ほんの一握りだ。レスラーたちはみんな「オーストラリアにはプロレスだけで食ってるヤツなんていないよ」と言っている。やはりプロレスで食べていこうと思う人が増えない限りは、現状維持ではないだろうか。もっと多くの選手が意識を変えない限り、大きな進歩はないと感じたことは否めない。

そんなオーストラリアで、3試合することができた。突然のキャンセルもあったが、オーストラリアでプロレスをした人はそうはいないだろうし、それほど頻繁に興行がないオーストラリアで3戦もできたのは嬉しい。PWAのライアン、NWAのジャック、AWFのグレッグには、とても世話になった。小さい団体だが、それぞれオーストラリアのプロレス発展のために日々努力している。自分が初めて参戦した頃のDDTを見ているようだった。たくさんの出会いがあり名残惜しいが、俺には次の試合がある。目指すはイギリスのリバプールだ。

第二章　ヨーロッパ編

LUCH LIBRE
WRESTLING
6 DE NOVIEMBRE 2011
17:00 HORAS
10 €
Dick Tog
Bad Bones
vs Tommy End
Sean South
vs La Pulga
CITY HALL

超強気なイギリスの老舗プロレス団体

オーストラリアを発つ前日、イギリスでの試合が決まった。オファーをくれたのはイギリスの老舗団体「ＡＳＷ（All Star Wrestling）」だ。

しかし、オファーの仕方が荒っぽい。一方的に会場名と試合開始時間を告げられた。さらにダメ押しとばかりに「電車は高いから長距離バスでこい」とのこと。メールに書いてあったのはそれだけだった。言っときますが私は日本人ですよ！　オファーというと通常はもう少し丁寧なものなのだが……。今までで一番乱暴なオファーかもしれない。

数時間後、プロモーターからまたメールがきた。さすがに悪いと思ったのだろう。メールを開封すると「言い忘れたことがある。バスステーションから会場までは地図を貰って探してこい」

……なんて強気な団体なんだ。

しかし、試合をするには行くっきゃない。ロンドンに到着して、すぐにバスのチケットを予約。英語の券売機に悪戦苦闘しながらも、なんとかチケットをＧＥＴ！

翌日の午前10時、バスステーションでリバプール行きのバスを待つ。10時30分、バスは定刻通り出発した。リバプールの到着予定時刻は午後４時10分。５時間40分のロングドライブだ。

しかし途中、何度も渋滞にハマる。その度に急ブレーキをかける運転手。ちょっと反応が遅すぎやしないかい？　結構な渋滞なのに普通に休憩しているし、こんなんで時間通りに目的地に到着するのかと不安がよぎる。

ロンドンにて。お馴染みの２階建て観光バスとパチリ。

悪い予感というものは当たるものだ。時計を見ると既に到着時間を過ぎているじゃないか。しかし、まだバスはハイウェイを走っている。しかも渋滞だ。窓から外を見ても、どこを走っているのか皆目見当もつかないし、聞いたところで分かるハズもない。俺の気持ちとは裏腹に、バスはまたサービスエリアへと入る。どうやら遅れていることを気にしてもいないようだ。こっちは試合に間に合うかどうか気が気じゃないってのに……。

そこから走ること1時間、ハイウェイを下り、ようやくバスステーションに到着した。……と思ったら、まだリバプールじゃない!?　数人の乗客を降ろし、バスは再び発車。……ん？　またハイウェイに乗るの!?

ぬうぉー、いつになったら着くんだーっ！

予定より遅れること2時間、バスはようやくリバプールに到着した。結局7時間30分もかかった。

よし、なんとかリバプールには着いたぞ。しかし、ここから自力で会場に行かなければならない。とりあえず、インフォメーションで地図をGET。ここから地図とのにらめっこが始まる。

地図をクルクルと回す。クルクル……クルクル……そう、俺は地図が読めないのだ。

だぁーっ、頭が爆発しそうだ。すると、人影が近づいてくるのに気付く。顔を上げると紫色のモヒカンヘアーにタトゥーだらけの兄ちゃんだ。思わず身構える。

すると「迷っているのか？　どこに行きたいんだ？」と、地図を覗き込んできた。警戒しながら「エンパイア・シアター」と答えると、「オーケー、カモン！」と歩きだした。ほかに手もないし、とりあえずついて行ってみる（良い子は知らない人について行ってはいけません！）。

「ここだよ」と彼の指す方向を見ると「エンパイア・シアター」の文字が。

「おーっ、ここだーっ!!」

親切なパンク兄ちゃんのお陰で無事会場に到着（人は見かけで判断してはいけません！）。会場を目指すだけなのに、長い旅であった。

★2011年9月13日 ワールドツアー第4戦

ビートルズの聖地でブーイングを受ける

【団体】ASW（代表：ブライアン・ディクソン）【場所】リバプール（イギリス）【会場】エンパイア・シアター
【試合】ジェームズ・メイソンとシングルマッチ（第2試合）。ダイビングセントーン→体固めで勝利。

リバプールはビートルズが生まれ育った街で、街にはビートルズゆかりの物がたくさんある。この会場も、ビートルズが演奏したこともある伝統的な会場だ。

会場の前をウロウロしながら入り口を探していると、気難しい顔をしたおじいさんが出てきて「中に入れ」と言われる。そう、この人がオールスターレスリングの名物プロモーター、ブライアン・ディクソンだった。

会場の中に入ると、舞台上には既にリングが組まれていた。「2試合目で、相手はジェームズ・メイソン（James Mason）だ」と、言葉少なにブライアンが言った。ジェームズ・メイソン、聞き覚えのある名前だ。……そうか、2009年9月にみちのくプロレスに来日した選手じゃないか。みるみる

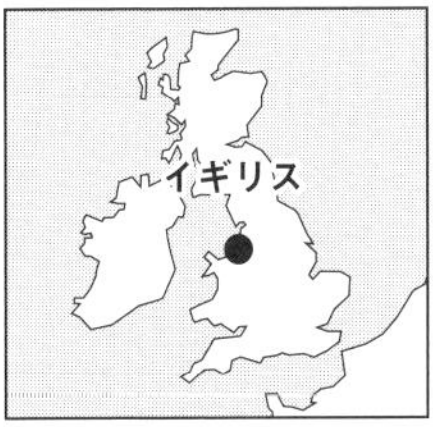

▶リバプール

記憶が蘇ってきた。ジェームズは、イギリスの伝統的なスタイルを守り続けている数少ないレスラーの1人で、大技を使わず、レスリング重視の試合運びをする選手だ。

開場時間まで時間もないので、リングチェックを済ませ控室へと急ぐ。控室に入ると、見覚えのある顔が……。ロビー・ブルックサイド（Robbie Brookside）だ！　彼もジェームズと同じタイミングで来日しているから、14年ぶりの再会ということになる。みんな、懐かしいなぁ。あれ、日本人かなと思ったら、シャドーフェニックスだ。彼とは日本で試合をしたことがあった。こんな所で会うなんて縁があるなぁ。

世界を回っていて面白いことは、会場に行くと必ず一人や二人、知っている選手がいるということ。お互いにプロレスを続けていれば、こうやって再会できるのだ。おっと、今日は2試合目だ。ゆっくり思い出に浸ってる場合じゃない。コスチュームに着替えなくては。今回も渡したMDが使えず、よく分からない曲での入場となる（MDって海外で使えないのかな？）。

2試合目ということもあり、試合の順番はあっという間にやって来た。入場直前、ブライアンに「コレを持て！」と大きな旗を渡される。見るとドクロが描かれている。日本の国旗じゃないんかい！　しかしどうやら拒否権はないようだ。「フロム・ジャパーン！」のコールと共にドクロの旗を振りながら入場すれば、案の定、大ブーイングだ。

一方、イギリス国旗を振りながら入場したジェームズは大人気！　花道には、たくさんの子供たちが押し寄せている。ジェームスには声援、俺にはブーイングとは、海外はわかりやすいなぁ。しかしこの自国vs日本って構図、ヒールとしてはすごく戦いやすいのだ。

ゴングが鳴ると、やはりレスリングで仕掛けてきた。みちのくに参戦していた頃と変わっていない。それならばと俺もレスリングで勝負する。

ジェームズ・メイソンはまさしくイギリス伝統の〝キャッチ・レスリング〟で、日本人が知らない返し方をしてくる。普通は「こういう腕の取り方をしたら、こう返してくるだろう」というパターンを3つぐらいは思い浮かぶのだが、彼はそれの上を行く第4の返し方をしてくる。試合をしながらも「へえ、こうくるか」と感心していた。

試合では、彼をいたぶればいたぶるほど子供たちのブーイングが凄いのなんのって、素直な反応が可愛くて、よりジェームズをいたぶってやった。最後は大技を持っている俺が、ペディグリーからダイビングセントーンをドカーン！ 3カウントを頂きました。もち

会場になったのはビートルズも出演した「エンパイア・シアター」

試合後、ジェームズ・メイソンとパブで乾杯

ろん場内は大ブーイングであった。

全試合終了後は、すべての選手が出口に勢揃い。きてくれた子供たちと写真を撮ったりサインをしたりしてお見送りをするのが、この団体のスタイルらしい。これは子供たちにとっては嬉しいファンサービスだね。きっと「また行きたい！」ってなるよ。

さて、興行を終え、車で15分ほどのバーケンヘッドにある合宿所へ移動。ここが今夜の寝床だ。40歳過ぎて合宿所に泊まることになるとは、新人の頃を思い出すなぁ。ちなみに、この合宿所には昔、日本のレスラー中島半蔵も住んでいたらしい。

さて、試合が終わればノーサイド。近所に一軒しかないアイリッシュパブで、ジェームズたちと乾杯だ。田舎のせいか、金曜の夜なのに夜中の12時に閉店ということで、ビールを一杯飲んだところでお開きとなった。程よく気持ち良くなり合宿所へ戻るとバタンキュー。長い一日だった。

しかし翌朝は、またまた長時間バスに揺られてロンドンへ戻らなければならないのであった……。

★2011年9月17日 ワールドツアー第5戦

東郷平八郎のおかげ!? フィンランドでまさかの英雄扱い

【団体】FCF（代表：スターバック）【場所】ヘルシンキ（フィンランド）【会場】DOMヘルシンキ
【試合】クリスチャン・クルキとシングルマッチ（セミファイナル）。クルキが凶器を使ったため、反則勝ち。

ちょうど俺がイギリスに入った頃、イギリスではある問題が起きていた。イギリスのロンドン北部にあるトッテナムにて、黒人男性が警察官に射殺されたことをきっかけに、2011年8月6日より暴動が発生したのだ。トッテナムや首都ロンドンのみならずバーミンガム、マンチェスター、リヴァプール、ノッティンガム、ブリストルなど、イギリス各地の都市へ拡大。2000人以上が暴動や放火、略奪の容疑で逮捕されていた。

全国規模に発展したこの暴動の影響で、いくつか決まっていた試合もキャンセルになってしまった。このままイギリスにいてもしょうがないので、翌週には次の国フィンランドに向かうことに決めた。

ヘルシンキの街に貼られた試合のポスター

２０１１年９月13日、ムーミンの住むフィンランドに入国した。３か国目突入だ。

今回、出場したのはＦＣＦ（Fight Club Finland）という団体。俺の知る限り、フィンランドにたった一つのプロレス団体だ。東スポが俺の壮行会をしてくれたとき、柴田惣一さんの紹介で、フィンランドから一時帰国していた寺崎さんという人と知り合った。ヘルシンキの病院に留学中のドクターで、この団体の創設者であるスターバックが友人だということで、つないでくれたのだ。

◀ヘルシンキ

ＦＣＦの設立者スターバック（Starbuck）は、日本のＳＭＡＳＨや全日本プロレスにも参戦していたので、知っている人もいるかもしれない。スターバックのおかげか、この団体からはカゲマングロ（Kageman Guro）、ヘイモ・ユーコンセルカ（Häijy-Heimo Ukonselkä）など、ＳＭＡＳＨに参戦している選手も多いのだ。また大会にはいつも海外からゲスト選手を呼んでいて、国際色豊かな団体だ。

この日の会場は「DOMヘルシンキ（DOM Helsinki）」というナイトクラブだ。バースペースもあり、お客さんはアルコールを飲みながらの観戦。そのせいもあって雰囲気はいい。最高の夜になりそうだ。

FCF入場シーン

対戦相手はクリスチャン・クルキ（Kristian Kurki）という若い選手で、2010年11月にデビューしたばかり。キャリアは1年弱だが、196センチの長身と甘いマスクで、FCFで最も期待されている選手だ。ちなみに彼もSMASHに参戦している。

この日は全部で6試合あり、俺の試合は5試合目のセミファイナル。出番を待つ間、他の試合をチェックしていると、知っている選手を発見。ジェシカ・ラブ（Jessica Love）だ。SMASH参戦時は「北欧の空飛ぶオカマ」と呼ばれていた〝美女〟で、顔に似合わないハードコアな試合をする選手だ。この日も自虐的なファイトに客席からは「ホーリーシット」のチャントが発生し、盛り上がっていた。

長身のクルキに空中殺法で挑む

この試合が終われば、いよいよ俺の出番だ。久々に自分のテーマ曲で入場することができた。「よしっ！」と気合いを入れて入場すると、スクリーンには日の丸が映し出されている。つまり「日本vsフィンランド」ということか。この構図、完全に俺がブーイングされるパターンじゃないか！

ところが、これがブーイングじゃなかったのだ。会場には、物凄いトーゴーコールが起きている。あとで知ったのだが、その理由はなんと「東郷平八郎」にあるようだ。

その昔、ロシアのバルチック艦隊に勝利した東郷平八郎は、東洋の英雄として、そして結果としてフィンランドの独立に貢献した人物として、現在でもフィンランドの小・中学校の教科書で紹介されていたのだ。つまり、フィンランド人にとって「トーゴー」という名前は親しみやすい名前なのだ。いや、もちろん自分の経歴もあってのトーゴーコールだと信じたいところだが。

さて、試合の方はというと、最近ヒールに転向したばかりのクルキーにブーイングが飛んでいる。線は細いがとにかくデカイ。上から見下すように挑発してくるのだ。いやいや、俺はベテランだ。若手のそんな挑発には乗らないよ。しかし、さらに挑発してくるクルキ。……カチーン！ つい乗ってしまい、大人気なく徹底的にやってやった。

30センチの身長差に苦戦する場面もあったが、そこはキャリアの差でカバー。チャンスが到来し、ペディグリーからのセントーンで一気に決着をつけようとしたそのとき、クルキのマネージャーがエプロンに上がってきた。そっちに気をとられた隙に、何か硬い物で頭を殴られる。こで、ゴングが鳴る。クルキーの凶器攻撃により、反則裁定が下されたのだ。せっかくいい流れだったのに、なんだかしっくりこない終わり方だ。それでもお客さんは最後まで温かいトーゴーコールを送ってくれた。しっくりこない終わり方でも気持ちよく控室に帰れたのは、会場の雰囲気が最高だったからだろう。フィンランドのプロレスは熱かった。

試合後は、この団体を紹介してくれた寺崎さんと食事に行き、ニジマスのスープやトナカイの肉など、フィンランドグルメを堪能したのであった。

北欧の神はヘビメタが好き

スターバック。名前だけ聞くと某コーヒーショップを連想させるが、参戦したフィンランドの団体FCFの代表でもあるレスラーの名前だ。〝北欧の神〟と呼ばれ、地元では英雄的な存在だ。

その北欧の神ことスターバック選手とジムに行った。「俺がいつも練習しているジムだ。しかもタダだぜ」と、いつも行っているジムを紹介してくれた。海外ではいつも苦労するジム探し。前日に行ったジムのビジター料金がメチャメチャ高かったので、素直に嬉しかった。ウェイトリフティング用のジムで、普通のジムにはない設備もあった。

彼はトレーニングにも詳しく、「最近、肩が痛くて、ベンチプレスをやっても思うようにパンプしないんだ」という話をしたら、「俺がメニューを作ってやるよ」と独自のメニューを作ってくれた。チューブを使って十分にウォームアップしてからスタート。ベンチプレスもゴムチューブで負荷をかけ、徐々にプレートで重さを増やしていく。バランスを取りながらゆっくりやるので、かなり効いた。ほかにもバランスボールの上でのケーブルフライ（ケーブルマシンを使った大胸筋トレーニング）、吊り輪を使ってのプッシュアップ（床やプッシュアップバーを使うより不安定で体幹に効く）、ディップス（大胸筋と上腕三頭筋に効くバーを使ったトレーニング）など、筋力アップはもちろん体幹も同時に鍛えられるメニューを考えてくれ、今までやったことのないトレーニングによって、いつも以上にパンプアップした。

スターバックにはプライベートでも世話になり、あるときはバーベキューに連れて行ってくれた。ヘルシンキの中心地から車で45分ほど走ると、「ヌークシオ国立公園」に着く。映画『かもめ食堂』の撮影も行われた美しい場所だ。駐車場で車を停めて山道を歩いていくと湖が見えてきた。きれいな空気と美しい景色。こんな場所で食べる肉は最高においしい。スターバックは日頃のストレスを解消するため、結構な頻度で訪れるそうだ。

スターバックは基本的にレスラーだがバンドも結成していて、音楽活動から俳優業までこなす多才な男だ。そんなスターバックの影響なのか、彼の団体には若くてセンスがあるヤツが多かった。表情や雰囲気が独特で個性的だなというのが、フィンランドの選手の印象だ。とても気持ちのいいヤツらで、オフの日にはフィンランドの街をいろいろと案内してくれた。自然も多くのんびりとした空気や町並みを「なにもない街だけど」と言っていたが、散歩すると気持ちが安らぐのは、故郷の秋田と通じるところがあるのかもしれない。秋田の冬の写真を見せたら「おお、一緒だな！」と言っていたし。

スターバックとともにジムでワークアウト

ＦＣＦは海外では珍しく、すごくまとまりがある良い団体だ。おそらくスターバックが体験した日本の団体のいい部分を、自分の団体に活かしているのだろう。

大自然でのバーベキューを終えて満たされた気持ちで、森の中をスターバックの車で帰る。しかしその美しい景色を打ち壊すように、車の中ではずっとヘビメタが流れていた。イギリス人がロックならフィンランド人はヘビメタらしい。美しい森の中、雷鳴のように轟くヘビメタはある意味神々しく、まさに北欧の神の車であった。

オクトーバーフェストであわや大乱闘!?

フィンランドを去る日は、世話役のマルコが、早朝5時にホテルに迎えにきてくれ、空港まで車で送ってくれた。彼には世界一マズいと有名なフィンランドのキャンディー「サルミアキ」を食べさせられたりもしたが、最終的に感謝してもしきれないぐらいだ。いつかまた会うことを約束してガッチリ握手をする。マルコとは、ここでお別れだ。

そしてフィンランド・ヘルシンキから飛行機で2時間30分、ついにドイツに入国だ。さらにフランクフルトからライン川を眺めながら列車に乗ること5時間、「ブレーメンの音楽隊」で有名なブレーメンの町へやってきた。ドイツではこの町を拠点にするつもりだ。着いてから数日は、いまいち宿がよろしくなかったので転々としていたが、ようやく安いアパートが見つかり落ち着くことができた。

ドイツのビールは本当にウマい！

ただ、ドイツにきてなんとなく気になったことがある。今まで行った国の人たちと比べると、ドイツ人は冷たく感じるのだ。気のせいだろうか？　そういえば、他の国だと母国語のほかに英語の表記があったりするが、ドイツはほとんどの表示がドイツ語のみ。ドイツ語で書かれても、はっきり言ってまったく読めない！　なんとなく観光客にやさしくない国だなという印象を受けた。フランクフルトやミュンヘンだとまた違うかもしれないけどね。

　しかしドイツには、美味しい物がたくさんある。ハム、ソーセージ、パンにチーズ……、そしてとにかくビールがウマイ!!　こりゃ、太らないように気を付けねば。

　ビールといえば、あわや大乱闘になるという出来事があった。それは、ドイツのビールの祭典「オクトーバーフェスト」に行ったときのことだ。

酔っ払いにからまれ、一触即発になったオクトーバーフェスト

ドイツの団体EWPのプロレススクールでの指導を終え、メンバーたちと連れ立って、ちょうど開催されていたオクトーバーフェストへ。楽しく飲んでいると、酔っ払いが仲間に絡んできたのだ。しばらく相手にしなかったのだが、だんだんエスカレートし、そのうちついに我慢できなくなった俺は、彼が伸ばしてきた手を払った。するとその酔っ払いは逆ギレし、イスを倒して去って行く……プッチーン!!

「ちょっと待てや、コラァーッ！」

倒して行ったイスを取って振り上げると、即座にスクールのみんなが羽交い締めで止めにかかる。周りの客も、ざわついて見ている。あわや大乱闘だ。

事態を察した酔っ払いの友人がすぐさま謝りにきたし、スクールのみんなになだめられて冷静になりことなきを得たが、止められなかったら大乱闘になったことだろう。

友人のダニエルだけは「止めなかったらディックのストリートファイトが見られたのに！」

と笑っていたが、笑いごとじゃない。ワールドツアー中に捕まったらシャレにならんよ。みんな、止めてくれてありがとう。

★2011年9月30日　ワールドツアー第6戦

やべー、折れたか⁉ ワールドツアーに暗雲立ち込める

【団体】wXw（代表：フェリックス）【場所】オーバーハウゼン（ドイツ）【会場】Turbinenhalle Oberhausen
【試合】マーティ・スカールとシングル戦（セミファイナル）。ダイビングセントーン→の片エビ固めで勝利。

ブレーメンからエッセンへ向かう列車の中、頭の中でずっとあの曲が流れている。そう、『世界の車窓から』だ。頭の中の曲を聴きながら、しばし旅気分に浸る。エッセン駅に到着するとwXw（Westside Xtreme Wrestling）のスタッフが出迎えてくれ、車に乗り込み会場があるオーバーハウゼンへと移動した。

wXwはドイツでは一番有名な団体だろう。興行のたびにアメリカ、カナダ、メキシコ、日本

wXw に参戦。ドイツのプロレスは盛り上がっていた。

などから人気選手を呼んでいる。

会場に着くと、日本から遠征中の佐々木義人、宮本裕向がいた。彼らはイギリスで試合をしてからドイツに入ったようだ。ドイツへの入国はかなり面倒だという話は聞いていたが、彼らも税関で止められたりいろいろあったらしい。

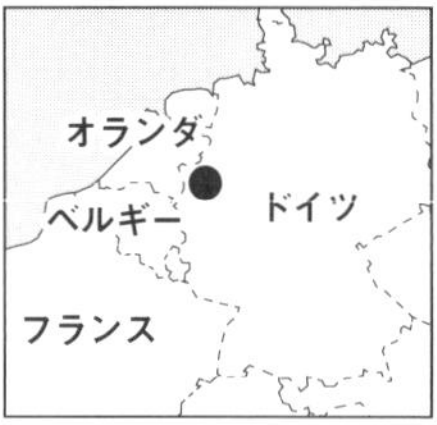

けっこう広い会場なのに、お客さんがスタンディングでリングサイドまで詰めかけている。ドイツのプロレスは今、盛り上がっているようだ。

控室に行くとマッチメイクが貼られていた。俺の試合は9試合中、8試合目だ。海外は本当に試合数が多い。

試合は定刻通り午後7時ピッタリにスタート。リングアナウンサーがリングに登場しただけで、お客さんはやんやの大騒ぎ。この団体は今、ドイツで最も勢いがある団体といっていいだろう。

この日の対戦相手は初めて聞く選手で、まだ若いが母国イギリス以外でもあちこちで試合している らしい。その選手の名はマーティー・スカール。今やROHや新日本プロレスで名を上げ人気レスラーになっている。

マーティ・スカールと対戦。試合中に脇腹を負傷してしまった。

試合は握手で始まり、クリーンな試合展開。なかなか自分のペースがつかめずにイラだっていたのだが、試合中盤、場外に落とされセカンドロープをすり抜けてのトペコンをくらう。

この技は自分でも使うことがあるので、逃げ方は熟知していたつもりだった。しかしこのときは、お客さんがリングにかぶり付きで見ていたため、逃げ場がなかった。相手の全体重が自分の脇腹に乗った瞬間、激痛が走った。

「やべー、折れたか?」

過去に何度も折っている箇所だ。そんな不安を抱きつつ、試合後半は痛みをこらえてファイト。ダイビングセントーンで勝ったとはいえ、自分の戦いが

ナイスガイのマーティー・スカール

できず、納得のいかない試合だった。

試合後、プロモーターに病院へ行くように言われる。深夜の病院、待合室には俺とプロモーターしかいないのに、なぜか延々と待たされる。言葉の壁に、無口な俺。ひたすら沈黙が続き、なんだか気まずい。プロモーターと二人きりで、永遠とも思える2時間を過ごした後、ようやくドクターが登場。なぜか片言の日本語で、「ハーイ♪　オゲンキデスカ〜？」。元気なわけないだろ？　妙なハイテンションが苛立ちを誘う。

　レントゲンを撮ってもらった結果、折れてはいないとのこと。しかしヒビが入っている可能性があるから、しばらく休むように言われた。この先のワールドツアーに暗雲が立ち込める。どうする俺！

欠場を余儀なくされる

２０１１年10月１日。オーバーハウゼン２日目はＣＺＷ（Combat Zone Wrestling）というアメリカの団体のドイツ大会で、前日対戦したマーティ・スカールとタッグを組む予定だった。痛み止めを飲んで試合する気満々で行ったが、ドクターストップもあり、プロモーターに欠場するよう言われる。オーナーの判断ならしょうがない。

リング上で欠場の挨拶をすると、ドイツのファンは温かい声援を送ってくれた。感謝の気持ちに包まれながら、11月にまた戻ってくることを約束した。

今日のところは気持ちを切り替えて、観客に徹することに。客席からじっくり試合を観ると、良い選手がたくさんいた。特にメインのサミ・キャラハン（Sami Callihan）の試合は最高だった。試合後に少し話したが、サミ・キャラハンはパンチとキックだけで試合を成立させる、俺の好きなスタイルだ。レスリング技術が根底にあって、しかも自分の活かし方を分かっている。感情の出し方もうまい。こんなカリスマ性のある選手を久々に見た。

〝パンチとキックのカリスマ〟サミ・キャラハン

彼は近い将来、世界中から声がかかるに違いないと思ったが、その後はWWEとも契約したそうで、大きな舞台で試合することも多いようだ。やはりビビッとくるヤツって何かある。俺も負けていられないという気になった。いい刺激を受けたよ。

★2011年10月7日　ワールドツアー第7戦

殺し屋の目をした男

【団体】EWP（代表：クリスチャン）【場所】レンズブルク（ドイツ）【会場】Nordmarkhalle
【試合】フィット・フィンレーとシングルマッチ。ツームストンパイルドライバーで敗北。

2011年10月7日、EWP（European Wrestling Promotion）主催の『レスリングフェスティバル2011』レンズブルク大会に出場した。ブレーメンの近くにハノーファーという町があり、EWPはそこを主戦場にしている小さなプロモーションで、毎回、ゲスト選手を呼んで大会を開いている。9割が地元の選手で、プロレス熱があり、まとまった良い団体だ。

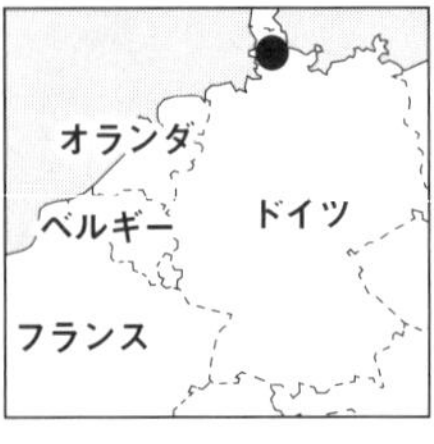

▶レンズブルク

1週間前に怪我をしたわき腹が完全に治ったわけではないが、痛み止めを飲めばやれると判断し、気合いを入れて会場に行った。まだ対戦カードは発表されていないようだ。開場時間になった頃、ようやくプロモーターがやってきて、持っている紙切れを俺に見せる。そこにはなんと「Togo vs Finley」とあった。

フィット・フィンレー（Fit Finlay）は、技術もあるしラフファイトも強いオールマイティな選手で、キャリア33年の大ベテランだ。90年代前半は日本にもよくきていたし、前年までWWEでも活躍していた。急にそんな大物と対戦とは……しかもメインだ。なんとなくそんな気はしていたが、俺にも心の準備ってものがある。

決まった以上はやるしかない。しかし、なんだか落ち着かない。試合が始まる前まで、ずっと控室の廊下を意味なくウロウロしていた。

海外では試合前に選手のところへ行って挨拶する

第7戦では、あのフィット・フィンレーと対戦

のだが、この旅で唯一、近寄れなかったのがフィット・フィンレーで、「俺に近寄るな！」的なオーラが出ていた。これは旅から帰ってきて聞いた話だが、いろんな選手が「あいつはヤバい」と言っているようだ。

出番までまだ時間があると思っていたが、気付くと次の試合だった。珍しく緊張していた。腹をくくり、俺はリングに向かう。マサ斎藤さんの「ゴーフォーブロック（当たって砕けろ）」の精神だ。

ついにリング上でフィンレーと対面した。すごい威圧感だった。不気味な笑みを浮かべながら、こっちを見ている。これは殺し屋の目だ。ダメだ、完全に呑まれている。

「よし、深呼吸しよう」

俺は間合いを取って、自分のペースに持っていこうとした。チャンスがあれば、がむしゃらに足を攻めた。パンチも何発かヒットした。しかし、実際はフィンレーの手のひらの上で転がされていただけだった。結局セントーンはおろか、ペディグリーさえ出せなかった。そして最後はツームストンパイルドライバーに沈んだ。強烈な一撃だった。悔しいが、わき腹の怪我がなくても完敗だっただろう。あのとき、リング上で向きあったときの威圧感、ロックアップしたときの敗北感は今でも忘れない。初めて恐怖を感じたレスラーだった。

そんな俺の気持ちとは裏腹に、バックステージでは試合が好評価だった。なんだか複雑な気持ちになった。拝啓、マサ斎藤さん。ディック東郷は当たって砕けました。

★2011年10月8日　ワールドツアー第8戦

心地よいフルタイムドロー

【団体】EWP【場所】ハノーファー（ドイツ）【会場】HANGAR no5
【試合】レオン・バン・ガスタレンとシングルマッチ（第2試合）。20分フルタイムドロー。

『EWPレスリングフェスティバル2011』の2日目は、EWPのホームタウンであるハノーファーで行われた。さすが地元だけあってチケットは売り切れ。立ち見まで出ていた。

昨日の敗戦のショックなどない。むしろ少し強くなった気さえする。ただ、今日は当たって砕けないように、慎重に攻めよう。

この日は、2試合目でレオン・バン・ガスタレン（Leon Van Gasteren）という選手とシングルマッチ。スキンヘッドで怖そうな外見。聞いたことは

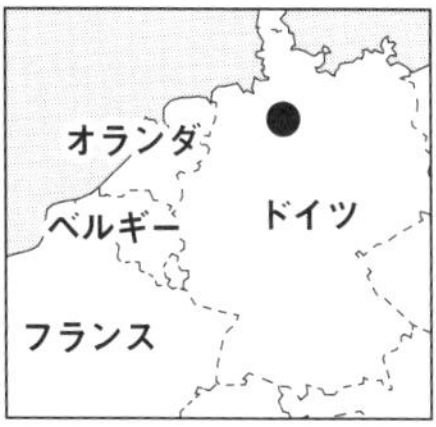

▶ハノーファー

ＥＰＷの人気レスラー・レオン。20分フルタイムドロー、熱い試合だった。

ない選手だが、お客さんの反応を見る限り、人気のある選手のようだ。相手に人気があればあるほど、ヒールとしては燃えてくるものなのだ。

しかし、ヒールファイトをするとレフェリーがサッカーのようにイエローカードをちらつかせる。プロレスでイエローカード？　意味が分からない。そのままヒールファイトを続けていると、今度はレッドカードを出そうとした。さすがにそれを出されたら退場だと察し、スタイルを変える。こんなルールは初めてだ。しかも事前にルール説明もなかった。かなり戸惑ったが、それなら真っ向勝負だ。

ちなみにレオンは、地元レスリングスクールのコーチ。彼としても、教え子の前で負けたくないだろう。俺も2連敗で終わりたくない。お互いの意地と意地のぶつかり合いになる。

結果、20分フルタイムドローに終わった。最後は二人とも、リング上で大の字。帰り際、レオンが「ありがとう」と握手を求めてきた。今日は気持ち良く眠れそうだ。

「痩せたな、お前！　あのときはセントーンで死ぬかと思ったよ」

そんな声に振り向くと、懐かしい人がいた。すっかり雰囲気が変わっていたので、彼だと分かるまで時間がかかった。ダニー・コリンズだ。彼とはみちのくプロレス時代に、英連邦のベルトをかけて戦ったことがあり、そのとき、確かにえげつないセントーンをした記憶がある（当時の俺は100キロ近くあった）。

彼はイギリス人らしい「ランカシャー・レスリング」の使い手。「キャッチ」とも言うが、腕や足を取って理詰めで戦うような、伝統的なスタイルを伝承しているテクニックのある素晴らしい選手だ。

彼は生粋のイギリス紳士でもある。日本にきていたときも、いつも自前の湯沸かし器を持ち歩いていて、午後3時頃になると必ず紅茶を淹れていた。ゴツい体で丁寧に紅茶を淹れるのを見て、イギリス人って本当にティータイムをするんだなと感心した覚えがある。

まだ現役でやってたんだと思うと嬉しくなったが、彼は言った。

「私もそろそろ引退するよ」

近況を聞くと、今は年に数回しか試合をしてないようだ。レスリングテクニックは未だ健在でリング上ではバリバリ動いていたが、リングを降りた姿を見ると納得できた。「ただ、引退前に日本で試合がしたい。サスケさんにお世話になったから、みちのくプロレスがいい」と言っていた。なんとか願いを叶えてあげたいな。

★2011年10月15日　ワールドツアー第9戦

ベルギーで初プロレス

【団体】ＢＣＷＦ（代表：ベロモ）【場所】クーケラーレ（ベルギー）【会場】De Blaaspijp
【試合】マット・スコーピオンとシングルマッチ。ペディグリーで勝利。

ベルギーにはオランダ・アムステルダムから入った。オランダで試合はなかったが、ドイツから特急列車で行けることだし、せっかくだから2日間だけ行ってきたのだ。

あいにくの雨で観光らしい観光もできなかったが、オランダ名物のフリッツやクロケットを食べ歩きしたり、ネオンがきれいな夜を堪能したりした。アムステルダムでは街のあちこちからマリファナ臭がする。飾り窓やカジノも合法なので、特に独身男性には魅力的な街かもしれない。

【左】鉄道移動でヨーロッパを巡る、【右】第９戦の試合会場は田舎街のバーだった

アムステルダム中央駅から列車で2時間半、ベルギーの首都ブリュッセルにあるブリュッセル中央駅に着く。入国ではパスポートチェックすらなかったが、大丈夫なのだろうか。

手元には地図もガイドブックもなく、あるのはホテルの住所を書いたメモだけ。見知らぬ人に道を訪ねながらどうにか進むが、なかなか着かない。親切な老夫婦が地図をくれたおかげで、なんとかホテルに到着した。ここでベルギー初プロレスに備えることになる。

ワールドツアー第9戦は、マット・スコーピオン（Matt Scorpion）という20歳の選手とシングルマッチ。俺のキャリアと同じ年齢の若造には負けられない。ペディグリーで勝利した。

参戦したのはBCWF（Belgian Catch Wrestling Federation）という団体だ。オーナーのベロモ（Salvatore Bellomo）さんは昔、WWEに在籍していたこともあるレスラーで、プロレスをよく

▶クーケラーレ

BCWF での試合の模様。左ひざを責められ、苦悶の表情。

分かっている人。団体ではプロレススクールもやっていて、そこを卒業した選手が試合に出ている。ただ、プロレスが好きなのは分かるけど体ができていない選手も多く、技術的にもまだまだではあった。

　この日の会場は、町にあるバー。クーケラーレ(Koekelare)という町で、あちこちで牛の放牧が見られ、道路には「牛に注意」という看板があるようなところだ。着いたときには既に椅子が並べてあり、席数を数えたらほんの50席ほど。会場では若手がリングを作っていた。どこの国もインディ団体は同じだな。リングが出来上がると若手選手がぞろぞろと挨拶にきて、試合までの間、いろんな選手と話すことができた。

　俺はこの団体に参戦した初めての日本人だったようだ。日本のプロレスが好きな選手ばかりで、俺よりも日本のプロレス界のことを知っているぐらい。YouTubeなどでよく見ているようだ。いつか日本で試合するのが夢だと言う選手が多かった。

【左】BCWF代表のベロモさん、【右】試合後は併設のバーで選手たちとビールを飲んだ

試合後は会場でそのまま食事会に突入。プロモーターの奥さんが、手作りのサンドイッチやソーセージを選手たちに振る舞っていた。アットホームでいい団体だった。

ベルギーでは別の小さな団体ＰＷＡ（Pro Wrestling Allstars）からプロレス教室の依頼も受けた。首都ブリュッセルから車で40分のテルハーゲン（Terhagen）という小さな町にある団体で、彼らは週に2回、この町の体育館の中にある柔道場を借りて練習をしている。裸足で畳の上という環境は、プロレスの練習をするにはあまり良い環境ではないが、道場や自前のリングを持っていなければ、こういう場所で練習するしかないのだろう。

基本的にプロレス教室は、準備運動とストレッチからスタートし、ランニング、スクワット、プッシュアップを軽く行ったあと、マット運動をやってもらう。これで体力と運

▶テルハーゲン

動能力がある程度分かるので、そのレベルに合わせて教えることにしている。

リングがあれば受け身ができるし、ロープがあればロープワークもできるが、ここは畳の上だ。まして、まだ受け身が完璧ではない彼らに無理はさせられない。最初に痛い目をみて変な癖がついても困る。というわけで、メキシコの受け身をさせることにした。メキシコの受け身は柔道の前回り受け身に似ているので、頭を打つこともない。みんな初めてだったようで最初は手足がバラバラだったが、少し形になってくる。もっと言葉を話せれば細かい部分まで教えられたのに残念だ。

＊　＊　＊　＊　＊

ブリュッセルにきてから、暇さえあれば「グランプラス」に足を運んだ。ブリュッセルの中心にある大きな広場で、世界で最も美しい広場と名高く、世界遺産にも登録されている。古い建物が建ち並び、その一つは実は市庁舎で、初日にすごい建物だなと心を奪われてしまった。近くに寄って見ると、細かい彫刻に感動する。昼も美しすぎるが、夜はライトアップされ、また別の美しい顔を見せる。昼間でも時間や角度によって違うので、何度見ても飽きない。

▶ブリュッセル

ブリュッセルにある「小便小僧」は「世界3大がっかり」のひとつとも言われる観光スポット

だが、けっこう気に入っている。小便小僧のジュリアン君は、普段は裸だが、時々衣装を着ている。しかもかなりの衣装持ちらしい。カポエラの衣装を着ている日もあった。

また、ベルギーといえばチョコレート。グランサブロン広場には、ピエール・マルコリーニ、ヴィタメールなど、有名チョコレートメーカーの本店がある。地元の人に人気のレオニダスもおすすめだ。前述のグランプラスにはゴディバとノイハウスの本店もある。あちこちにワッフル屋さんもあり、スイーツを堪能できる。

ただ、タリス（高速列車）のチケットを買うためブリュッセル南駅に行くと、途中のゾーンから街の雰囲気がガラッと悪くなった。観光客はほとんど見かけず、目つきの悪い連中が、獲物を狙っているかのようにあちこちに立っている。どう見てもベルギー人とは思えず、時折黒人も見かけた。目の前を通り過ぎると、上から下まで見られているのを感じる。何人かに声をかけられたが無視して進む。

その先で数人のグループが酒を飲んでいる。俺の顔を見ると1人が立ち上がり「マイフレンド」と握手を求めてきた。フレンドとは言うが、どう見ても友好的な顔はしていない。体に触れた瞬間に貴重品をスられたという話も聞いていたので、握手を拒んで立ち去ろうとしたが、でかい声で何やら言いながら腕を掴んできた。強めの口調で「ノー！」と言って振り払うと、それ以上は何もしてこなかった。

女性が一人だったらかなり怖いだろうし、昼間でこれなら夜はさらに危険だろう。ブリュッセル南駅を利用するときは、気を付けたほうがよさそうだ。

アジア人嫌いのヤツもいる

海外では、日本のように愛想よく接客してくれることは基本的に少ない。もちろん良い所もあるが、やはり差別もあるように感じる。そんな出来事を幾つか紹介しよう。

ブリュッセルにある日本の口コミランキングで評判のレストランに、日本人同士で行ったときのことだ。たくさん席が空いているのに、狭苦しい席に適当に案内される。このくらいはよくある。注文時に「2人でシェアしたい」と言うと、「ノー!」とあからさまに嫌な顔をして、メニューを取り上げて行ってしまった。隣の白人男性も驚いている。ムカついたので席を立って帰ろうとすると、「もうオーダーした。大丈夫だから席につけ」と言われ、すぐに料理が運ばれてきた。

オリジナルビールは確かにウマイが、気分は良くない。評判のムール貝は少し臭みがありイマイチ。付け合わせのポテトも油っぽく、何故この店が1位なのかさっぱり分からない。ふと周りのテーブルを見ると、パンとお手拭きが置いてある。自分たちのテーブルには無い。そういえば、他の店では最初に出てきた。気になって店内を見渡すと、まったく同じメニューを頼んでいる白人女性のテーブルには置いてある。ちなみに、アジア人は自分たちだけだ。なるほど、そういうことか。隣の白人男性が気の毒そうにチラチラ見ている理由が分かった。

店を出て2時間後、同行者が吐いた。自分も少し気持ちが悪い。疑いたくないが、新鮮でない物でも出されたのか？　はたまた何か盛られたのか⁉　そんなことも思ってしまった。

中央駅のチケット売り場でも、こんなことがあった。

「パリ行きの一番安いチケットを下さい」と言ったら、調べもせず正規の運賃を提示される。そんなハズはない。割引運賃があるハズだ。「日時をずらしても？」など、何を聞いても「ノー」しか言わない。納得がいかないので、別の窓口で聞くと調べてくれた。提示された金額は、さっきの金額より2人で50ユーロも安い。あるじゃねーか！

また、タリス乗り場にて列車を確認したときのこと。ヨーロッパの鉄道はよく遅れるので、予定時刻にきた列車が1本前の列車だったりする。毎回、チケット通りの列車かどうか確認する必要があるのだ。ホームに着くとタリスが停まっていたので、駅員に「この列車ですか？」とチケットを見せると、「違う」と言われる。しかし、パネルにはこのホームだと書いてあるし……。別の駅員に聞くと、チケットも見ずに「知らない」と言われる。列車内の人に聞くと、席まで案内してくれた。やっぱりこの列車じゃねーか！

小さなことを含めるとキリがないので、いちいち気にしていられない。ヨーロッパなので、バックパッカーと言えども身だしなみには気を付けている。以前フランスで、服装を変えただけでまったく扱いが違った経験もあるからだ。でも、色々な国に行っているが、このベルギーでの体験ほど感じの悪いことはなかったな。短期間の滞在だと、イヤな印象って残っちゃうよね。同じ国でも、色々な角度から見ないと分からないこともある。常識の違い・感覚の違いでイヤな思いもするし、危険なこともある。

でも、それ以上に世界は魅力的なモノで溢れてもいる。親切な人もいるし、楽しいこともたくさんある。だから旅は面白いんだよね。

★2011年10月22、23日 ワールドツアー第10、11戦

ドーバー海峡をまたいで連戦

※ワールドツアー第10戦

【団体】ECTA【場所】ノージャン＝シュル＝オアーズ（フランス）【会場】Marché Couvert

【試合】サー・ロビン With レディ・ローリーと対戦。マネージャーのアシスト→クロスラインで敗北。

※ワールドツアー第11戦

【団体】オールスターレスリング【場所】クロイドン・ロンドン自治区（イギリス）【会場】Fairfield halls
【試合】シャドーフェニックスとシングルマッチ。ダイビングセントーンで勝利。

第10戦、フランスのプロモーションECTAの興行に参戦

ベルギーでの試合を終え、ブリュッセルからパリに移動した。ブリュッセル〜パリ間は、高速列車タリスで1時間半。ここでもパスポートチェックはなし。

フランスはヨーロッパの中でも、プロレスの話題が一番出てこない国。正直、フランスで試合ができるとは思っていなかった。

しかし、地元の知人に話を聞くと、フランスには9団体もあるという。世界を回っていると、まだまだ知らない団体が無数にあるのだと気付かされる。

今度の試合は2日連続で、1日目はフランス、2日目はイギリスだ。国をまたいでの連戦は、ヨー

▶ノージャン＝シュル＝オアーズ

ロッパならでは。パリから車で1時間半ほどの街に移動し、まずはフランス大会へ。

この大会を主催するＥＣＴＡ（European Catch Tour Association）は、団体というよりもフリーの選手やゲスト選手を集めて大会を開く興行会社だ。

この日は１０００人は余裕で入る大きな倉庫のような会場で、入場ゲートや照明もしっかり用意されていた。控室にはケータリングもあり、さまざまなチーズやハム類の盛り合わせとワインも用意されていた。頻繁にプロレスがこない場所なのか、お客さんもかなり楽しみにしてきたようだ。歓声は大きく、悪役にブーイングこそ飛ぶものの、会場の雰囲気はかなりよかった。


試合を終えた足でそのままフェリーに乗ってドーバー海峡を越え、ほとんど寝ずに車で2時間移動し、イギリスの会場へ到着した。

前回のイギリス大会で14年ぶりの再会を果たしたロビー・ブルックサイドと対戦できるというので無理して移動してきたのだ。ロビーを知らない人のために補足しておくと、彼はＷＷＥのエッジのような雰囲気もあるなかなかのイケメンで、しっかりとしたレスリング技術を持っているベテラン選手。娘もレスラーで、日本のスターダムという女子プロレス団体にも出ている。ロビーは現在、ＷＷＥでコーチをしている。イギリスの伝統レスリングを若

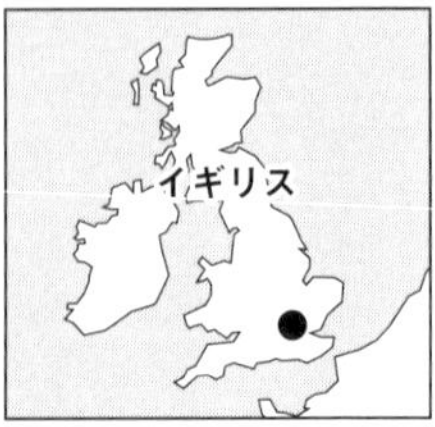

▶クロイドン・ロンドン自治区

い世代に伝えていって欲しいものだ。

そんなロビーとの対戦に胸を躍らせながら、疲れた体に鞭打って会場に着いてみると、例の高飛車なプロモーターが「カードが変わった」という。がっかりだ……。しかし気持ちを切り替えて試合し、最後の試合まで見届ける時間もなく深夜バスに飛び乗る。滞在ホテルのあるパリに戻ったのは翌朝8時。完全に疲れ果てた。翌日、エッフェル塔に行くと、きれいな虹が出ていた。しかもダブルレインボー。なにかのご褒美だろうか。

★2011年10月29日　ワールドツアー第12戦

イギリスの田舎町スウィンドンで大流血

【団体】4FW（代表：デイブ・シャープ）【場所】スウィンドン（イギリス）【会場】Grange Drive Leisure Centre
【試合】ベナム・アリとシングルマッチ（メインイベント）。大流血の末、最後はダイビングセントーンで勝利。

パリからロンドンへはバスで移動。イギリスでのラストマッチは、ロンドンから西へ列車で1時間のところにあるスウィンドンという町で行われた。とても空気がきれいな田舎町だ。

第12戦、アリに勝利するとスタンディングオベーションが起きる

この街を本拠地にして活動しているのが、4FW（4 Front Wrestling）という団体だ。オーナーはレスラーではないが、良いレスラーを育て日本やメキシコなどに送っており、みちのくプロレスの剣舞や、新日本プロレスから海外遠征中だった高橋ヒロムなど、日本からの若手選手をホームステイさせたりもしている。若い選手が多いので活気があり、団体というよりむしろ家族的な親密さもあった。ファン層も子供から白髪のおじいちゃんまで幅広い。

　この大会にはゲスト選手としてプリンス・デヴィットの姿もあった。俺の対戦相手はベナム・アリ（Behnam Ali）。日本にプロレス留学生としてきていたこともある若手選手で、日本でも一度言葉を交わしたことがある。この日の試合はアリのラフファイトで大流血の末、ダイビングセントーンを決めて勝利。客席からのスタンディングオベーションに包まれた。試合後は4F

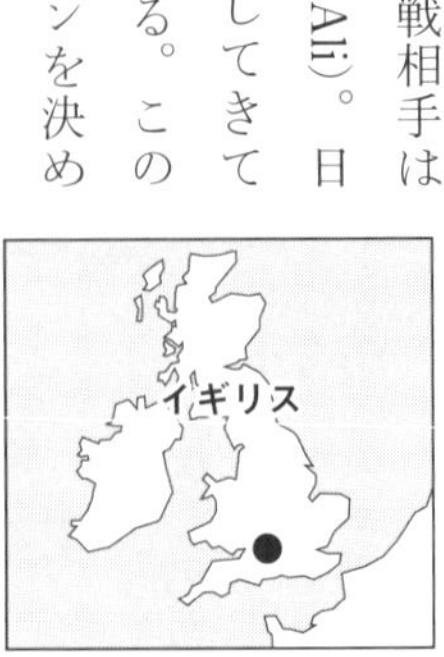

▶スウィンドン

Wの選手たちが引退ロードを激励してくれ、最高の夜になった。

翌日は同団体の代表デイブ・シャープからプロレス教室の依頼。16人の参加者に3時間、受け身からロープワークまでみっちり教える。4FWには熱心な選手が集まっているようで、いい練習ができた。

スウィンドン滞在中は、4FWヘビー級チャンピオンのJDナイト選手が観光案内を買って出てくれ、ストーンサークルや大聖堂に連れて行ってくれた。

エイヴベリーのストーンサークル

JDのおかげで、ロンドン以外にも見どころがたくさんあることを実感。とくにスウィンドンから車で20分ほどのエイヴベリーという小さな村はおすすめだ。

ソールズベリーにあるストーンヘンジほど有名ではないが、エイヴベリーにある巨石群もストーンサークルのひとつで、世界遺産にも登録されている。ソールズベリーでは石の周りにロープが張ってあり、直接石に触ることはできないが、ここでは自由に歩き回って石に触れることもできる。しかも無料だ。そういえばソールズベリーでは、勝手にロープの中に入って石に触った観光客が、監視していた係員にどこかに連れて行かれていた。彼らはいったいどうなってしまったのだろうか。未だにちょっと気になる。

★2011年11月6日 ワールドツアー第13戦

スペイン唯一の団体でみっちりプロレス教室

【団体】ＳＷＡ（代表：ホルヘ）【場所】バルセロナ（スペイン）【会場】シティ・ホール【試合】ディック東郷&ローニン・ライダー組vsアンヘル・ナウト&バッド・ボーイ組で対戦（セミファイナル）。バッド・ボーイにダイビングセントーンを決めて勝利。

イギリスのブリストル空港からスペインのバルセロナまでは、初のイージージェットを利用。ＬＣＣは安い分いろいろと条件があり、とくに困ったのは荷物だ。預ける荷物は20キロまでだが、機内持ち込みはサイズ制限だけで重量制限はないらしいので、詰め込みまくった。機内はなんと自由席。飲み物も食事も有料だが、2時間のフライトなのでとくに苦にはならない。バルセロナに到着してみると、寒かったイギリスに比べてずいぶん暖かかった。

▶バルセロナ

【左】試合の前には３日間、プロレス教室を開催、【右】バルセロナの試合会場

スペインではまず、SWA（Super Wrestling Alliance）という団体の代表ホルヘ氏からの依頼で、試合の前に3日間プロレス教室を行った。3日間あったのでみっちり反復練習もでき、選手によっては大きな変化が見られてよかった。

海外でプロレス教室をやるとキャリアのある選手も参加することが多いのだが、この日の参加者8人のうちデビューしているのは5人だけ。しかし代表ホルヘ氏自ら参加し、キャリアの浅い選手をリードしてくれる。一番熱心だったのが、アイルランドから試合できていたショーン選手。真面目でセンスも良く、誰に習ったのか聞くと「プリンス・デヴィット」。なるほど。

試合の方は、それほど大きくはない会場だが満員で、立ち見のお客さんまでいる中、ローニン・ライダー（Ronin Raider）と組み、ダイビングセントーンで勝利をおさめた。

SWAは旗揚げしてまだ5年。代表のホルヘ氏曰く、スペインで唯一の団体だ。所属選手は6人と少ないながら、ゲストを呼んで定期的に試合をしている。これからが楽しみな団体だ。ちなみ

【左】選手兼プロモーターのローニン・ライダー、【右】満員の観衆の前で試合に勝利

に代表のホルヘ氏は、日本語で『マジンガーZ』を歌えるほどのアニメおたくだった。

プロレス教室が早く終わった日、サグラダ・ファミリアを観に行く。スペインは初めてだったので、観光もとても楽しみにしていたのだ。

駅を出ると、薄暗い闇の中にサグラダ・ファミリアは建っていた。あまりの迫力に、しばらく立ち尽くすほど。暗いから写真は諦めて帰ろうとしたら、突然、ピカピカっとライトアップされた。時計を見たら午後6時30分。絶妙なタイミングだった。

この近くはガウディ建築が建ち並び、ファンには嬉しい地区だ。そこから15分ほど歩いていくとガウディが54歳のときにスペインの実業家のために設計した「カサ・ミラ」があり、同じ通りには「カサ・バトリョ」もある。いずれも世界遺産に登録されているガウディの建造物で、どれもライトアップされていてすごくキレイだった。夜のガウディ、必見だ。

★2011年11月12日 ワールドツアー第14戦

みちのくのイタリア人マヌエルと再会

【団体】ICW（代表：エミリオ）【場所】サン・マルティーノ・シッコマーリオ（イタリア）
【会場】Pala Brera ,Via Verdi 13 【試合】レッド・デビルとシングルマッチ（メインイベント）、スモール・パッケージ・ホールドを切り返されて敗北。

スペインからイタリアへは、夜行列車で向かった。

スペインのフランサ駅で荷物チェックを受けて、列車のホームに入る。時刻は午後7時30分。夜行列車「エリプソス」の「サルバドール・ダリ号」に乗る。乗車時にパスポートを預けるのを少し不安に思いつつも乗車。7時39分の定刻通り出発。8時に食堂車でディナーをとる。セキュリティと安眠を確保するため、個室を予約しておいた。椅子をたたむと二段ベッドになり、これがなかなか寝心地がいい。朝方、寒くて目覚めて窓の外を見ると、雪山が見えた。

午前6時30分に朝食が出された。オレンジジュースにコーヒー、トースト

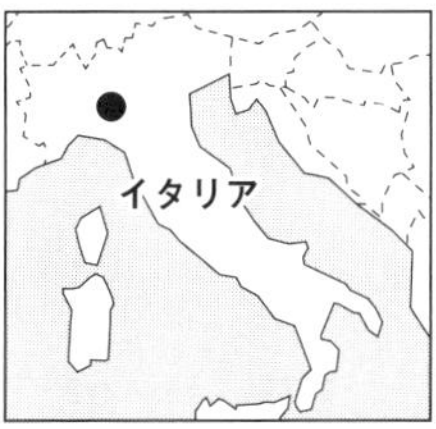

▶サン・マルティーノ・シッコマーリオ

【左】ローマに到着、【右】マヌエル（俺の左隣）の通訳でイタリアメディアの取材を受ける

1枚、クロワッサン1個、オムレツに生ハムが付く豪華な朝食だ。朝食中にパスポートが返される。ＥＵ間の移動なので、何のスタンプもないのが少し味気ない。

朝10時にミラノに到着。列車を降りると「荷物持つよー！」とチップ目当てのやつらが寄ってくる。あー、イタリアにきたって感じ。警察官に宿までの道を聞いたら「知らない。タクシーで行け」と冷たくあしらわれる。これもまた、イタリアにきたって感じ。

イタリアでは、マヌエルと再会した。２００３年にみちのくプロレスに突如やってきたイタリア人練習生で、現在はＩＣＷ（Italian Championship Wrestling）の所属レスラーとして頑張っている。リングネームは「マエストロ・マヌエル・マヨーリ（Maestro Manuel Majoli）」。今ではマエストロ（先生）の称号が付くほどの選手となったようだ。

イタリアの大学で日本語を勉強し、みちのくプロレスにきたときは既に日本語が達者だった彼は、試合のない日は日本のマンガやアニメをイタリア語に翻訳する仕事をしている。滞在中は、取材の通訳をしてくれた。ずいぶん古いみちのくプロレスのTシャツを着ていたので「物持ちがいいな」と言ったら、さすがに意味が分からなかったようで「?」という顔をしていた。

メインで地元のスター選手、レッド・デビルと対戦

イタリアでの試合は、この団体の10周年記念大会。そんな大事な大会でメインを任されたうえ、しかも団体で一番人気だというレッド・デビル選手とタイトルマッチだ。結果は、スモールパッケージホールドに行ったところを返され負け。

かなり大きな会場ではあったが、お客さんの入りは少々寂しかった。それでもラテンのノリなのか、会場は口笛やらよく分からない掛け声やらが飛び、大盛り上がりだった。

この団体でもプロレス教室を行った。参加者は15人。人数が多かったのでリングの外で輪になり、腕立て伏せ、スクワットからスタート。リングに上がり、マット運動、受け身、基本技の練習と続ける。みんな熱心で細かい質問をしてくる。こういう熱心な生徒だとやりがいもある。あっという間の3時間だった。

マヌエルに限らず他の選手も本業があり、毎週1回の練習にみんな仕事を終えてから参加しているようだ。イタリアでプロレス一本で食べていくのは厳しいかもしれない。でも試合とプロレス教室で、選手のプロレス熱は伝わってきた。イタリア人は情熱的だというが、プロレスに関しても熱かった！

★2011年11月26日　ワールドツアー第15戦

再びドイツで関節技に沈む

【団体】wXw（代表：フェリックス）【場所】オーバーハウゼン（ドイツ）【会場】Turbinenhalle Oberhausen
【試合】ザック・セイバーJrとシングルマッチ。クロスアームバーでギブアップ負け。

今回はイタリア滞在中だったので、ドイツへは飛行機で移動した。フィウミチーノ空港からドイツのエッセンに向かう。

ローマのタクシーはトラブルが多いと聞く。「空港まで一律40ユーロ」と決まっているのだが、それでもトラブルが起こるそうだ。考えた結果、シャトルバスで行くことにした。テルミニ駅前から出ている「Terravision」というバスなら6ユーロ（ネット予約すれば4ユーロ）だ。ターミナル3にしか停まらないが、ターミナル1、2とも歩いてすぐなので、問題なし。

ターミナル2までゆっくり歩いて5分ほど。時計を見ると、まだ朝の6時。10時40分発の飛行機まで5時間近くある。イタリアなので時間通りにいかないことも計算して早めに出たのだが、どう考えても早すぎた。パンとコーヒーを買って朝食にする。かなり粘ってコーヒーを飲んだが、まだまだ時間がある。さらに待つこと2時間。やっと搭乗手続きが始まった。チェックインを済ませ、搭乗ゲートで待つ。朝早かったせいか睡魔に襲われ、うっかり寝てしまった。

目を覚ますと周りに人がいない。焦ってモニターを確認すると、やはり直前に搭乗ゲートが変わっていた（ヨーロッパあるある）。危なかった。5時間も前にきて乗り遅れたらシャレにならん。

飛行機は定刻通り10時40分に出発し、ドイツのデュッセルドルフ空港には午後1時に着いた。空港には、これから参戦するwXwのスタッフが迎えにきてくれた。自己紹介してくれたがドイツ語で名前が分からなかったので、メガネくんと命名。メガネ号でエッセンのホテルへと移動する。

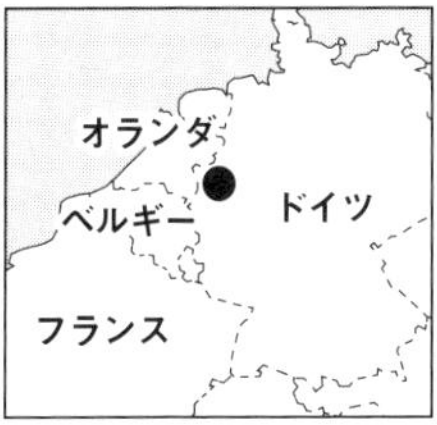

▶オーバーハウゼン

ヨーロッパ最終戦は、日本でも活躍中のザック・セイバーJrと対決

メガネくんはおとなしそうな見かけによらず、ハンドルを持つと人格が変わるようだ。なかなかのスピード狂で、ドイツの高速道路はMAX120キロだが、メーターは150キロを指している。雨が降っているが、お構いなしだ。しかもワイパーすらかけない。「頼むからワイパーかけて」と心の中で3度叫んだ。

このメガネくんには移動でいろいろお世話になり、帰りもホテルまで送ってくれた。運転おつかれさま。飛ばして帰るんじゃないぞ。

今回はドイツのオーバーハウゼンにて、前回も出場したwXwでザック・セイバーJrとの対戦。警戒していたクロスアームバーでまさかのタップ。ヨーロッパ最後の試合を勝利で飾りたかった。悔しい。

ザック・セイバーJrは、前回この団体で戦ったマーティ・スカールのタッグパートナーで、日本でも活躍しているイギリスの選手だ。イギリスの伝統的なレスリングを今風にアレンジしていて、手足がひょろ長いので、ちょっとのスキマから抜けて関節を狙いにくる。リングを降りれば

イタリアのドゥオモ修道院（左）、真実の口（右）も訪れた

礼儀正しい青年だが、彼は本当にハートが据わっている。アメリカでもイギリスでも、ちょっとでもつまらない試合をするとすぐに「boring（つまんない）」とヤジが飛んでくるけど、彼はそういう声を意に介さずずっと自分流。独特の世界観を出している。最近はそれがすっかり受け入れられている。

3ヵ月のヨーロッパ滞在を終えて

8月末のイギリス入りから約3ヵ月でヨーロッパの国々を回った。日本から旅立って100日を超えたことになる。

ヨーロッパはむしろ観光を楽しんだ部分もあるかもしれない。スペインはガウディ建築をはじめダリ美術館もあるし、ちょっとした建物や街灯もアート感があり、散歩しているだけでも楽しい。いくら観光しても足りないぐらい。適度ないい加減具合も自分に合っていた。

イタリアも見どころがいっぱいだ。ドゥオモ、レオナルド・ダ・

ヴィンチの『最後の晩餐』があるドメニコ会修道院、スフォルツァ城、コロッセオ、トレヴィの泉、真実の口、パンテオン、ナヴォーナ広場、フォロ・ロマーノ。何日あっても足りないぐらいだ。ヨーロッパでは電車や車で近隣の国に行けるのもいい。イタリアのミラノからスイスは車でたったの1時間だし、世界最小の国ヴァチカン市国もローマから電車ですぐだ。

ただ、ヨーロッパ滞在は高くつく。特にローマのジム代は高い。どこの国でもビジター料金は割高だが、ローマでは1回30ユーロもした。おかげで必然的に気合いも入り、質の高い練習ができたけど。

試合はドイツで脇腹を負傷し欠場したのは惜しまれるが、3ヵ月の滞在で12試合をすることができた。ただ、伝統的なプロレススタイルがだんだん消えて、どこもアメリカナイズされている気がする。それは旅で幾度となく感じたことで、最近はイギリスマット事情もアメリカ寄りになって、ランカシャー・レスリングなど伝統的なスタイルを伝承する人も少なくなっている。ダニー・コリンズやロビー・ブルックサイド、ジェームズ・メイソンなど、まだ少しはいるのだが……。彼らにはまだまだ頑張ってほしい。ヨーロッパだけでなくメキシコでも昔のルチャをやっている人はあまりいなくて、やはりどこかアメリカナイズされている。

次の国はついに、世界のプロレスに影響を与えているアメリカだ。俺が定期的に参戦していたのは99年頃だから、もう10年以上前。身をもって現在のアメリカを感じてみたいと思う。

第三章　アメリカ編

★2011年12月3日　ワールドツアー第16戦

アメリカで肉体改造

【興行】インディーサミット・イン・USA【場所】フィラデルフィア【会場】旧ECWアリーナ【試合】ディック東郷vs KUDO vs マサ高梨の3WAYマッチ（セミファイナル）。KUDOが高梨にフォール勝ち。

ドイツでの試合を終えた後は、ヴァチカン市国でしばし戦士の休日。システィーナ礼拝堂のミケランジェロの画の迫力にパワーをもらった後、12月1日、アメリカのロサンゼルスに入国。翌日には試合の行われるフィラデルフィアに移動した。ロスとフィラデルフィアは飛行機で5、6時間ほどの距離で、同じ国内でも3時間の時差がある。やはり、アメリカは広い。ここで久しぶりに会うDDTの男色ディーノ、KUDO、マサ高梨ほか、日本人選手たちと合流した。

12月3日。フィラデルフィアで開催された『インディーサミット』に出場した。この大会は、日本のインディー4団体（DDT、大日本、FREEDOMS、K-DOJO）の合同興行だ。会場となったのは、〝聖地〟アサイ

▶フィラデルフィア

ラムアリーナ。ここは旧ECWアリーナとして知られ、90年代にアメリカの団体ECWが本拠地としていた会場だ。ECWの大会「ベアリー・リーガル（Barely Legal）」には俺も出たことがあるけど、未だに覚えている人もいて「出てたよね！」と言う人もいるぐらい、プロレスファンにとっては特別な思い出になっているらしい。

左からDDTの男色ディーノ、KUDO、マサ高梨

俺は「DDT提供マッチ」として、KUDO、マサ高梨と3WAYで対戦した。リングに上がると、会場からは嬉しいトーゴーコールが。コール時には、アメリカでは珍しい紙テープまで飛んだ。お客さんの歓迎ぶりに気分良くゴングを待つ。

リング上のKUDOは、KO－Dチャンピオンとしての自信に満ち溢れていた。3WAYにも関わらず、しきりに俺を挑発してくる。約4ヶ月ぶりに戦ってみて、KUDOが格段に強くなっていることを実感した。高梨は俺の引退ロードと同時期にケガで長期欠場していたから、戦うのは本当に久しぶり。完全復活していて、コンディションも良さそうだった。結果は

KUDOが高梨に勝利！

夜8時からは、CZWの興行を観戦した。CZWはフィラデルフィアを拠点とするプロレス団体で、過激なデスマッチで知られる。会場はパンパンに膨れ上がるほどお客さんが入っている。かなりハードなデスマッチが続き、お客さんは大興奮！　しかし、あまりにも目を覆いたくなる光景に「いつか死人が出るのでは……」という危機感を覚えた。俺のお気に入りの選手であるサミ・キャラハンは、今日も最高の試合を見せてくれた。

それにしてもこの大会、全10試合もある。メインの金網の準備を始めたのが夜中の0時で、30分後に金網設置が完了し、メイン終了が深夜1時だ。ありえない……。日本ならクレームが出そうな時間だが、アメリカのお客さんは満足気に帰っていった。

帰り際に、ファンの人にCDを貰った。CDのタイトルを見ると「no more good days」……。ワールドツアー中に、なんて縁起の悪いタイトルなんだ（笑）。長い1日だったが、久しぶりの日本人選手との再会もあり、楽しい1日だった。

翌日、フィラデルフィアから再びロサンゼルスへ戻った。

ロサンゼルスでは、キッチン付きのレジデンスホテルを借りていた。今回のアメリカ滞在は「肉体改善」が目標だ。ヨーロッパでは食生活も乱れがちで、思うようにトレーニングもできなかった。その点アメリカはジムも充実していて、豊富なサプリメントもある。落ちてきた筋肉を取り戻し、このあとの中南米ツアーに向けて鍛えておかなければならない。そんなわけで、スーパーで食材を買って自炊していた。外食よりは安いが、意外と高くつく……。しかし肉体改造のためだ。仕方がない。

WWE時代の思い出

WWE（当時はWWF）に行ったのは、確か99年頃のことだ。その頃の俺は、海援隊☆DXというユニットを組んでいた。

WWE行きが決まったのは、みちのくプロレスでアンダーテイカーを呼んで、白使（新崎人生）との試合をやったことがきっかけ。そのときにWWEの副社長が一緒にきていて、「海援隊がいいんじゃないか」という話になったのだ。

アメリカではKAIENTAIとして暴れ回った。世界3大アリーナのひとつマジソン・スクエア・ガーデンで試合ができたのはいい思い出だ。

当時人気だったのは、ストーン・コールドだ。その人気は凄まじくて、会場の7割ぐらいはストーン・コールドのTシャツを着ていた。それも毎回のように新しいデザインを出すから、グッズ代だけでもすごい金額になったはずだ。

俺はけっこうストンコが好きだ。技はほとんどないんだけど、雰囲気とパンチだけでよくあんな長時間試合するなと感心してしまう。ほかにもレスリングだとショーン・マイケルズやブレット・ハートなんかはすごく見て勉強していた。

ＷＷＥでの選手の待遇はよかった。ギャラはやはり日本に比べると格段にいい。テレビマッチとＰＰＶ（ペイパービュー）でギャラは違い、ＰＰＶの方が全然いい。もちろん選手の〝格〟でも違い、バル・ビーナスは１試合４０００〜５０００ドルだと言っていたし、ストンコなんかはいくらもらっていたんだろう。試合自体は２分ぐらいで終わってしまうこともあるし、時給ならぬ分給に換算するとすごいことになる。

会場に行けばビュッフェもちゃんとある。それも鳥の胸肉を焼いたものとかブロッコリーとか、高タンパク低カロリーで、きちんと栄養が採れる食事が用意されていた。もちろんドリンクも飲み放題だ。会社の中にコスチュームを作ってくれる職人もいて、何から何まで至れり尽くせりという感じだった。この旅では時々ＷＷＥに行ったレスラーにも会ったが、中には今のＷＷＥをディスっているヤツもいた。昔とは会社の方針も変わってきているんだろうな。

ちなみに、当時は海援隊のメンバー全員がプエルトリコに住んでいた。いろいろと日本人の面倒を見てくれていたビクター・キニョネス（ミスター・ポーゴの悪徳マネージャーとして知られるブッカー）がプエルトリコにいたこともあったし、飛行機に乗ればＮＹまでは１〜２時間程度で〝通勤〟できるのだ。会場がある地域までの飛行機チケット代は出してもらえるし、東海岸なら時差もないから楽チン。当時のWWEはNY、シカゴなど東海岸のあたりで主に試合をしていた。国内のライバル団体はロスなど西海岸を攻めていたから、棲み分けというやつだろうか。

プエルトリコは数時間で一周できてしまうぐらいの小さな島。俺は海沿いのマンションに住んでいた。家賃は800ドルぐらいとリーズナブルだが、現地ではかなり高い部類に入る。俺が出ていたRAWは週に2日試合があり、試合のない時はプエルトリコのゴールドジムでトレーニングしたり、海でのんびり過ごしたり、隣国のドミニカ共和国まで足を伸ばしたりしていた。

プエルトリコにはストリップ劇場が多い。近くのストリップ劇場ではなぜか美味しい中華を出していて、一石二鳥なのでよく行っていた。その劇場にはいろいろ思い出もあるのだが、ここで書くのははばかられる話ばかりだ。プエルトリコのレスラーは、限りなくマフィアに近いヤツらが多くて、あのブルーザー・ブロディを刺した男にも会ったことがある。正当防衛が認められて無罪になったみたいで、そのときはレスラーとして活動していた。印象としては「いい人」。まあヤクザでもいい人に見える人はいるし、それと似たようなものかな？

WWEは2年契約だったけど、実は1年で帰ってきている。WWEをやめるなんてもったいないと言われたこともあるが、これは俺の性格だからしょうがない。お金や地位や名誉が俺の中で一番じゃないってことかな。

★2011年12月10日　ワールドツアー第17戦

今のアメリカのスタイルって…

【団体】ＰＷＧ　【場所】ロサンゼルス　【会場】Grobe Theater
【試合】セミファイナルでエル・ジェネリコとシングルマッチ。Brainbustaaaaahhhh!!!!で敗北。

午後3時、ホテルのロビーで団体のスタッフが迎えにきてくれるのを待つ。すると、スタッフらしき人と一緒に、その後ろから大男が現れた。よく見るとそいつはクリス・ヒーローだった。現在はカシアス・オーノとしてＷＷＥのリングで活躍している人気レスラーだ。

対戦カードに名前がなかったので「今日は試合？」と聞くと「そうだよ。シークレットだけどね！」と言う。どうやらサプライズゲストのようだ。これは俺にとっても嬉しいサプライズ。彼とは以前、対戦したことがあり、3年ぶりの再会だ。久しぶりに近況報告など色々な話ができて良かった。

試合はロサンゼルスのリシーダという町で行われた。控室は狭く、ぎゅうぎゅうに選手が詰め込まれていた。ここでもデイビー・リチャーズ、アメー

▶ロサンゼルス

PWG ではエル・ジェネリコと対戦（左）、大会にはクリス・ヒーローも参戦（右）

ジング・レッドなど、知っている顔ぶれもいて懐かしい。

ここ、ロサンゼルスを拠点にする団体PWG（Pro Wrestling Guerrilla）の年内最終興行ということもあり、お客さんもぎゅうぎゅうだ。狭い会場に敷き詰められた500席ほどの椅子はあっという間に埋まり、立ち見まで出ていた。第2試合が始まる頃、第4試合でサプライズ登場するはずのクリス・ヒーローのテーマ曲が会場内に流れてしまうというアクシデントが発生。完全に音響さんのミスだ。これには温厚なクリス・ヒーローも怒っていた。

俺の試合はセミファイナルで、対戦相手は今や各地で引っ張りだこのエル・ジェネリコ（El Generico）だ。日本にも何度かきているのでご存知の方もいるかもしれないが、ラダーマッチもこなすカナダ出身の長身のマスクマンで、このときは既に超有名人だった。

結果はジェネリコの得意技であるBrainbustaaaahhhh!!!!!（ターンバックル上に頭部を突き落とすブレーンバスター）を喰らい敗北。負けたことより、自分らしい試合ができなかったことが悔しい。そして正直なところ、今のアメリカのスタイルに疑問を感じた。

第1試合からメインまで同じ試合に見えて仕方ない。単純に動きは凄い、見たことのない技だらけだ。だが、プロレス本来の良さが失われつつある気がする。プロレスは技の品評会ではないはず。

プロレスは技術も大事だけど、独特の間というのかな……。タメたり激しくしたり、メリハリのある感情のコントロールも大事。身体能力を見せつけるだけだと、伝わらないのだ。技術のない新人がお客さんにすごく応援されるのは、感情がすごく伝わっているわけで、逆にベテラン選手がすごい技を軽くこなしても、お客さんはうんともすんとも言わないこともある。

そういう意味では、ストーン・コールドはすごい。パンチぐらいしか使わないのに、お客さんの感情を引き出して楽しませている。自分が楽しんでいないと、お客さんには伝わらないということだと思うしね。団体によって選手のレベル、スタイル、ファンの求めているものが違うからしょうがないが、やっぱり俺は、昔のアメリカンプロレスの方が味があって好きだなぁ。

ユニバーサル時代のルーツ・メキシコへ

試合の数日後、メキシコ行きが決まった。メキシコは俺にとって初めて行った海外。ユニバーサル時代に修行で放り込まれたのだ。

ユニバーサルでデビューする前はFMWにいたのだが、そこは1、2ヵ月で逃げ出した。練習がキツイとかでは別になかったが、当時スポンサーだったフランスベッドの倉庫で朝から晩まで働かされたし、理不尽なことが多くていやだった。そんなとき、ちょうどユニバーサルで新人を募集していたので「こっちにしよう」と思い、直談判することにした。

連絡したら会ってくれるというので、試合の前に会場のある渋谷に行った。渋谷の交番前に目立つ人がいるなと思ったら、当時はMASAみちのくだったサスケさんがコスチューム姿で立っていた。そこでユニバーサルに入れてほしいと直談判したら、すんなり「じゃあ毎週水曜にきて」ということになり、目黒の全日本女子プロレスの道場に練習に行くことになったのだ。ロッシー小川さんとはその頃からの付き合いだ。

サスケさんは1個上の先輩。そして邪道さんと外道さんが2個上で、プロレスを教えてもらったし本当にかわいがってもらった。外道さんとはよくつるんで歩いたな。あとはTAKAみちのく、気仙沼二郎、新崎人生は、年齢はバラバラだけど同じぐらいの年代。みんなユニバーサル時代の仲間だ。

ユニバーサルからメキシコに修行に行く選手は多かった。第1弾は邪道さんと外道さん。このとき、泊まっていたホテルが酔った警官に襲われるという事件があり、その後はユニバーサルのレスラーは必ず訪れる内輪の名所みたいになっていた。第2弾はデルフィンさんとサスケさん。そして第3弾が俺で、初めて飛行機に乗ったのもこのときだ。

当時は今と違ってスマホもないし、何か調べるのも一苦労。メキシコに住んでいたグラン浜田さんの家まで行けばいろいろ教えてもらえるけど、俺は付き人をしていたこともあり、行ったら行ったでいろいろ用事を頼まれる。それはそれで一苦労なのであった……。

メキシコはたぶん、プロレスラーが世界で一番多い国。でもトップに行けるのはほんの一握りで、みんな副業を持っていた。エンジニアや車の整備、意外と多いのがデザイナーだった。車の修理工場に勤めているヤツは「メカニコ」って名前だったり。市場に行くと、額に縦にギザギザの傷がある人が、鶏を捌いていたりする。どう見てもルチャドールだ。変わったキャラクターの選手もいて、控室で隣で緑のコスチュームを出したヤツが、着替え終わったらゴジラになっていた。

あの頃のメキシコには試合のヒントが多くて、この技は日本でも受けるだろうって技をよく輸入していた。低空で顔面にキックする「顔パタ（顔面パターダ）」とかは、日本では俺が元祖だ。「海援隊ピラミッド」も、メキシコで地方を回ったときに誰かがやっているのを参考にした技だ。いつの間にか日本にも定着していて、今の選手はもう誰が輸入したかも知らないんじゃないかな。

そんな若い頃の思い出が詰まったメキシコは、自分のルーツとも言える国。そのメキシコを拠点に、この引退ツアーもいよいよ中南米に突入だ。

第四章 メキシコ、グアテマラ編

★2012年1月1日 ワールドツアー第18戦

やっぱりルチャは楽しい

【団体】オリエンタル自主興行【場所】ネサ【会場】アレナ・アステカ・ブドーカン【試合】6人タッグマッチ3本勝負（セミファイナル）。ディック東郷&イホ・デ・ドクトル・ワグナー&アレブリヘ組vsイステリア&ゴールデン・ブル&エル・プーマ組で対戦。2本先取し、リンピオチーム（東郷組）の勝利。

２０１１年12月22日。13カ国目のメキシコに入った。本当は前日に入国していたはずが、空港で寝てしまい乗り遅れてしまったのだ。いかんいかん、なにやってんだか。

メキシコを拠点に中米各国にも行こうと思っているので、各地のプロモーターと交渉を進めている。そして、元旦から今年のツアーは始まった。

２０１２年一発目の試合は、メキシコシティの郊外にあるネサ（正式名称はネツァワルコヨトル）という町で行われた。会場はアレナ・アステカ・ブドーカン（Arena Azteca Budokan）。旧知の仲であるオリエンタル（El Oriental）という選手がプロモーターだ。

試合開始は夕方6時ということで、4時30分に会場入りしたのだが、まだ

▶ネサ

誰もきていない。試合開始30分前になって、ようやく何人か選手がやってきた。「こりゃあ、6時に始まらないな」と思っていたら案の定、試合が始まったのは7時だった。これぞメキシカンタイムだ。

第18戦は珍しくリンピオチームに入って勝利を挙げた

俺の試合はセミファイナルで、イホ・デ・ドクトル・ワグナー（Hijo de Dr. Wagner）、アレブリヘ（El Alebrije）と組んでイステリア（Hysteria）、ゴールデン・ブル（Golden Bull）、エル・プーマ（El Puma）組と対戦。これまでの国ではヒールだったが、珍しくリンピオ（善玉）チームだ。メキシコの試合では、正義である「リンピオ」と悪役である「ルード」の構図がはっきりしている。試合は3本勝負のことが多く、この日もやはり3本勝負だ。

1本目はいきなりルードの奇襲に遭い、負けてしまう。2本目は勢いに乗ったルードの攻撃を耐えて逆転勝ち。3本目はリンピオのペースで試合を進め勝利。2本取った我々リンピオチームが勝利した。久しぶり

SATO 時代の写真。もちろん左が俺だ。

のルチャにとまどったが、試合をしながら感覚を取り戻していった。やっぱり、ルチャは楽しい。

この日の会場では、昔よく試合したスコルピオJrとも再会できたし、チリ人の選手もいて、これからのチリでの試合にコネクションができた。年明けからいろんな収穫があり、幸先の良いスタートだ。

試合をしながら思ったのは、メキシコではディック東郷よりもSATOの名前の方が知られているということ。俺にはリングネームがいくつかあり、ここメキシコではマスクマン「SATO」としてデビューしているのだ。選手もみんなそう呼ぶし、リングアナも最初はディック東郷でコールしたものの、勝利者のコールときにはSATOになっていた。いっそのことメキシコではSATOでやろうかと思い始めている。

リングネームにはそんなにこだわりはなくて、これじゃなきゃいやだというのもない。

ユニバーサルでデビューしたときのリングネーム「巌鉄魁《がんてつさきがけ》」は、新間幹事長（新間寿）が名付け親。俺の故郷・秋田に『魁新報』という新聞があって、そこから取ったそうだ。気付けばそうなっていた。メキシコ時代の「SATO」は、当時メキシコに住んでいたグラン浜田さんに、巌鉄魁なんて難しいし覚えられないから、SATOってマスクマンでいけよと言われて、マスクを作って持って行ったのだ。

ちなみにメキシコにはレスラーのライセンスがあって、マスクマンは「ENMASCARADO（マスク着用）」、素顔の選手は「SIN MASCARA（マスクなし）」と書いてある。加えてリングネームと本名を書くところがあって、試合するときは見せなきゃいけない。当時参戦していたUWAは控室に必ずドクターがいて、試合前には血圧などコンディションをチェックしていて、そのドクターチェックをクリアしないと試合ができなかった。

「ディック東郷」という名前は、日本で生まれた。当時はみちのくプロレスで平成海援隊というチームでやっていたのだが、不幸な出来事が重なった時期があった。まず俺が足を骨折した。次に獅龍が眼底骨折、続いてMEN'Sテイオーが足を骨折した。3人とも同じ時期に骨折をするなんて、なんだかこれはヤバい、何かの祟りかもしれないということで、改名しようとなったのだ。「東郷」としたのは東郷平八郎とかグレート東郷とか、海外でも浸透してそうなイメージがあったから。「ディック」には、ディック・ザ・ブルーザーとかディック・マードックとか、喧嘩屋のイメージを重ねている。よく『ゴルゴ13』のデューク東郷が元ネタかと聞かれるけど、当時は知らなかったので全くの偶然なのだ。

★2011年1月8日 ワールドツアー第19戦

成功者の家に住むウルティモ・ドラゴン

【団体】闘龍門自主興行【場所】メキシコシティ【会場】サラ・デ・アルマス【試合】8人タッグ（メイン）。ウルティモ・ドラゴン&ブラソ・デ・プラタ&イホ・デ・ファンタスマ&アドロ組vsニンジャ・ウォリアー&ウルティモ・ゲレーロ&ネグロ・ナバーロ&トラウマ組で対戦。2対1でリンピオ（ウルティモ・ドラゴン組）の勝ち。

この日出場したのは、ウルティモ・ドラゴン選手が年に数回行っている自主興行の大会だ。会場となったサラ・デ・アルマス（Sala de Armas）は、昔、大相撲のメキシコシティ巡業で使用されたこともあるスポーツアリーナだ。

経緯としては、大会3日前に浅井さん（ウルティモ・ドラゴン）に試合に出させて欲しいという内容のメールを送ったところ、「とりあえず、当日会場にきて下さい」とすぐに返信があった。

▶メキシコシティ

そして当日。言われた通り会場に行ってみると、ちゃんと試合が組まれていた。しかも、メインでの8人タッグだ。1本目、ルードの勝ち。2本目、リンピオの勝ち。3本目、リンピオの勝ち。8人が入り乱れて場外戦やら何やらをしているうち、いつの間にか負けていた。さすがルチャリブレ（自由なる戦い）！

ウルティモ・ドラゴン選手はユニバーサル時代の先輩

ちなみにこの大会には「ディック東郷」ではなく、「ニンジャ・ウォリアー」で出た。前から中南米ではいつもとは違う東洋系キャラでやろうと思っていたのだ。特に深く考えたわけじゃなく、クン・フーみたいに中南米だと忍者はウケるかなって。そういえば、修行で行った95年ぐらいは今みたいにネットで全てが分からない時代で、日本人はみんな侍だと思われていた。もちろん忍者もいると思われていたし、やったことのない空手の型を適当にやっても「本物だ！」と驚かれていた。まあ、何でもできた時代だ。

この日は大きな会場にお客さんがいっぱい入っていた。これだけの興行をメキシコで年3回もやってるんだから、やっぱり浅井さんは凄い人だ。浅井さんもユニバーサル時代からの繋がり。当時はまだウルティモ・ドラゴンになる前で、3年ほど先輩でもう30年近い付き合いだ。いつも面倒をみてくれていた優しい先輩なのだ。

試合後、浅井さんのマンションにお邪魔させてもらったが、これが凄い！

守衛さんが開けないと入れない門があり、その門から玄関までだいぶ遠い。家もホームパーティをよくするだけあってとにかく広くて、使っていない部屋もあるようだったし、まさしく成功者の住む家だった。

マフィアvsルチャドール。口は災いの元

仲の良い選手から聞いた、大物ルチャドールのトホホな話を紹介しよう。本人の名誉のため、P選手としておく。

P選手がメキシコのラレード大会に出場したときのこと。試合後にルードがマイクで地元のお客さんを汚い言葉で煽るのは良くあること。彼もいつもの調子で、客を煽っていた。

「やぁ、バカ野郎ども！　こんなクソ田舎にくるんじゃなかったぜ。ラレードの人間は本当にバカばっかりだな」

　ここまではお約束。お客さんはブーイングを飛ばしながらも楽しんでいる。手応えを感じたP選手は調子に乗り、さらに煽るうち、ついに一線を越えてしまった。

「俺はメキシコ中を周って試合しているが、この会場が一番プタ（売春婦）が多いな。ここにいる女たちは全員プタだ！」

　会場の反応が明らかに変わった。さっきまで笑っていたお客さんもさすがに怒っている。そんな空気の中、最前列に座っていた男がいきなり立ち上がって、P選手を呼び出した。なんと、その男はマフィアだったのだ。ここラレードは、麻薬戦争で有名な麻薬カルテル「ロス・セタス」の本拠地。仲間にマシンガンを持ってこさせたその男は、リング上でP選手の額に銃口を突きつけた。

「最後に聞く。俺の顔を良く見ろ！　俺の妻もプタか？」

「い、いいえ、違います……」

「死にたいか？」

「いいえ……」

「謝れ！」

「申し訳ありませんでした……！」

　P選手は、1万5000人の観衆の前で土下座しながら、謝るしかなかった。もし謝っていなかったら、確実に殺されていただろうから。まさに、口は災いの元。これに懲りたP選手は、行き過ぎたマイクパフォーマンスを控えるようになったそうだ……。

ピラミッドでパワーを貰う

1月も終わろうとしていたある夜、日本から来客があった。弟子の中でも一番〝トンパチ〟な佐々木大輔と、DDTで一緒だった星誕期《ほしたんご》さんがメキシコシティにやってきたのだ。まずは俺が泊まっていた日本人宿に連れてきて、チェックイン。

この宿では、弟子の久保佑允《ゆうすけ》とも再会を果たしている。佐々木、久保、そしてボリビア編で登場する佐藤悠己の3人が同期で、俺の初めての弟子たちだ。3人とも性格は見事にバラバラ。久保が一番真面目。このときはメキシコに修行にきてもうすぐ1年が経つという頃で、週に2、3試合は入るようになっていた。コネもないところから始めてよくここまで増やしたと思う。

その久保を含めた4人で、到着早々、近所にある屋台のタコスを食べてきた。やっぱりメキシコにきたらタコスを食べなくちゃ。誕期さんは1週間、佐々木は2週間ほどの滞在だ。さてさて、どんな旅になるのでしょう。

数日後、俺と誕期さん、佐々木、久保の4人で、テオティワカン遺跡に行ってきた。テオティワカン遺跡は、「太陽のピラミッド」と「月のピラミッド」、長い「死者の道」からなるメキシコ最大の遺跡で、世界文化遺産にも登録されている。テオティワカン遺跡までのバスの中は、もうカオス。ギターの流しが乗り込み、勝手に演奏しながら気持ちよさげに歌っている。もし、車内に不幸があった人が乗っていたら、どうするつもりだろう……。それにしても甘い歌声だった。

弟子の佐々木たちとテオティワカン遺跡へ。パワーをもらった。

北のバスターミナルからはバスで1時間足らずでテオティワカン遺跡に到着。遺跡入場料は57ペソ。しかし、俺は学生証を持っているので学割で無料なのだ。なぜ学生証を持っているのか。実は、メキシコにきてからスペイン語学校に通っているのだ。

これから回る中南米では、各国のプロモーターとのやり取りはほぼすべてスペイン語になる。もともと機会があればちゃんと勉強したいと思っていたし、40歳過ぎて一念発起したわけだ。その学生証が、こんなところで役に立つとは。

テオティワカン遺跡はとても広くて、入り口から

メキシコではスペイン語の語学学校にも通った

「太陽のピラミッド」までが結構遠い。歩き疲れたのか、いきなり誕期さんが「俺、疲れたからピラミッド登らなくていいよ〜」と言い出した。子供かっ！　みんなで「ダメダメ、登りますよ〜」と言って強引に連れて行くことに。途中で誕期さんが何度もギブアップしかけるも、大きなお尻を交代で押して強引に登らせる。ちなみに誕期さんは元力士で、体重は150キロ以上ある。なんとか、頂上まで登りきった誕期さんであった。

時計を見ると正午。太陽のピラミッドはパワースポットとしても有名で、正午前後は一番パワーをもらえる時間帯らしい。単純な俺は何だかパワーをもらえた気がするから不思議だ。

このあとは宿に戻って、ふたたび4人で1泊2日でアカプルコに。興行があったらみんなで乗り込むつもりでコスチュームも持ってきていたのだが、残念ながら興行はなかった。しかし寒いシティと違い、アカプルコは青い空に青い海、久しぶりのビーチにテンションが上がる！　佐々木が乗りたがったバナナボートに乗ったり、夜はシーフードとセルベッサ（ビール）を堪能したり、楽しい休日になった。

★2012年2月7日 ワールドツアー第20戦

記者がどうしてもこない

【団体】スペル・クレイジー興行【場所】パチューカ【会場】アレナ・アフィシオン【試合】スペル・クレイジー&アクセル組vsイホ・デ・LAパーク&サングレ・ゲレーラ組vsディック東郷&佐々木大輔組vsペサディージャ&XL組の4WAYタッグマッチ。スペル・クレイジー、アクセル組が勝利。

会場のアレナ・アフィシオン（Arena Afición）は、マスクマンSATO時代に何度も試合をした会場だ。新日本プロレスの金本さん（当時はキング・リー）とタッグを組んだこともある。当時のプロモーターも健在で、俺のことを覚えていてくれた。

メキシコでは選手がこなくて、たまたま会場にいる選手が代打で出場する

▶パチューカ

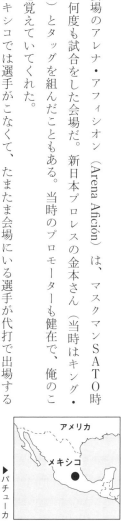

ことがよくある。この日も試合直前になって、選手が1人こなかったので、ついてきていた弟子の佐々木が、棚ボタ的にパートナーになった。

これに限らず、メキシコ人の中には時間を守るという発想がない人も多いし、約束を約束と思っていないところもある。あるとき、メキシコのプロレス雑誌の取材の依頼があり、待ち合わせ場所で待っていたが、いつまで待ってもこない。結局この日の予定は翌日になったのだが、やっぱりこない。そしてリスケも3日目になり、イライラしながら待っていたところ、1人の若者が近づいてきて挨拶してきた。3日も待たされて頭にきていた俺は「どういうつもりだよ!」と切れたら、若者はビックリして言った。

「僕はマスカラ・ドラダだよ。忘れちゃったの?」

記者ではなく、素顔のマスカラ・ドラダが挨拶しにきただけだった。ドラダ、忘れてすまん。ところで結局、記者はこなかった。メキシコ人のいい加減なところには、本当に振り回される。

〝釣りバカ〟フェリス宅訪問

やっとフェリスに会うことができた。

フェリスは俺のメキシコ修行時代を語るには、どうしても切り離せない人物。メキシコ修行時代は、フェリスの家にホームステイしながら道場に通っていたのだ。俺の前にはサスケさんとデルフィンさんもそこの2段ベッドに住んでいて、その2人が日本に帰り、入れ替わりで居候させてもらったのだ。フェリスが何で生計を立てていたのかは、未だに分からない。たぶん国の補助と俺が渡す家賃ぐらいじゃないかな。

メキシコ修行時代の恩人、フェリス

フェリスの家は、壁をなぐったら全部壊れそうなぐらいボロボロの木造の家だが、今も建っている。練習着やコスチュームを毎晩洗っていた洗濯場は当時のまま。洗濯場とはいえ、洗濯機のような便利なものはない。石にボコボコと溝が付けてある「洗濯石」で、毎晩ゴシゴシと手洗いしていたのだ。修行時代を思い出し、苦笑いしてしまう。当時参戦していたUWAでは、指定のジムで朝早くから練習があるんだけど、フェリスの部屋を通らないと外に出られない間取りで、面倒くさいし練習に行かなくなった。そうしたら試合を組まれる数も激減して、「やばい、生活できない」って、慌ててまた練習に行くようになったり。俺も若かった

ホームステイしていたフェリスの家

し全然真面目じゃなかった。

寝泊まりしていた部屋はフェリスの部屋になっていて、2段ベッドは釣具だらけだった。フェリスは無類の釣り好きで、グラン浜田さんとも釣り友だち。有名ルチャドールの釣り友だちもいて、俺もトゥルチャ（鱒）釣りに連れて行ってもらったことがある。フェリスは本当に釣りバカで、ルアーやワーム（疑似餌）を持っていくと本当に喜ぶし、手元にないときはルアーも手作りしてしまう。あるときはボールペンを改造して電池を仕込み、光るウキにしてしまっていた。

そして、フェリスはおしゃべりだ。当時の俺はスペイン語はまったく分からなかったが、そんなことはおかまいなし。放っておけば、朝から晩まで喋り続けている（主に釣りの話）。朝の挨拶に始まり、ランチを食べながらもずっと喋りっぱなし。夜、練習が終わって帰ったら、うつらうつらしながらフェリスの話を聞く。一日中、呪文のようにスペイン語の洪水を浴びる。

ある日、帰り道にタクシーを利用し、運転手と世間話をしていたら、降りるときに俺の顔を見た運転手が驚いて言った。

「あれっ、アンタ外国人かい!?」

俺はいつのまにかスペイン語が話せるようになっていた。フェリスの怒涛の睡眠学習の効果は絶大だったようだ。

俺が寝泊まりしていた部屋。いまではフェリスが使っている

　フェリスは面倒見のいいところもあり、試合会場が分からないときはそこまで連れて行ってくれたりもした。そんなフェリスにある日、「サトー、いいところがある」と連れて行かれたのが、ガリバルディ広場にあるストリップ劇場。日本のロック座みたいな感じで、ショーの合間には「コミコ」という漫才みたいなものもある。当時のガリバルディ広場はシンナーをやっている若いヤツらがたむろするなど治安はよくなく、訪れる日本人は俺ぐらいしかいない。ストリップ劇場の出演者のほうも、見たことない日本人がいるから、「チノ（中国人）？　ハポネス（日本人）？」と聞かれたりステージ上からすごくイジられて、当時

まだ22歳ぐらいだった俺はすごく恥ずかしかった……。

何年か前の地震で隣の家は全壊し、住んでいた人は引っ越してしまったけど、フェリスの家は少し壊れたものの、まだそのまま建っている。2階にはお兄さんがいたが、今はもう亡くなり、フェリスが1人で住んでいる。去年も久しぶりに会ったけど、70代後半とは思えないぐらい元気で安心した。フェリスの頭の中は相変わらず釣りのことばかりで、久しぶりの再会だというのにずっと釣りの話をしていた。しかも長い。

幸せな人生だと思う。またこよう。

★2012年2月19日 ワールドツアー第21戦

家の鍵が多すぎるグアテマラ

【団体】ＦＭＬＬ【場所】グアテマラシティ【会場】アレナ・グアテマラ・メヒコ【試合】ヴォルトロンとタイトルマッチ（3本勝負）。1本目はダイビングセントーンで勝つも、2本目はウラカンラナ、3本目はオリジナル・スクールボーイで丸め込まれて敗北。

メキシコ滞在中にグアテマラの老舗プロレス団体FMLL（Federación Mundial de Lucha Libre）からオファーがあり、グアテマラシティまで足を伸ばした。

メキシコからグアテマラまでは近い。飛行機で2時間半ほどで行けるので、メキシコ旅行のついでに訪れるバックパッカーも多い。飛行機の遅れで、グアテマラシティに着いたのは夜の8時だった。空港までプロモーターが家族と一緒に迎えにきてくれ、夕食をごちそうになる。

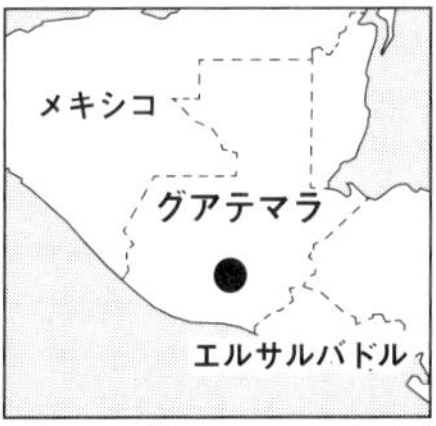

▶グアテマラシティ

町は暗く、自分がどのあたりにいるのか分からないが、どうやら町の中心地にいるようだ。その割にはほとんど歩いている人を見かけず、土曜の夜9時だというのに大部分の店のシャッターは閉まっている。これは危険な街の香りがする。数軒だけ営業している店はあるものの、窓枠には頑丈そうな鉄格子がはめ込まれ、その鉄格子越しに物を売っている。翌日見ると、昼間もそうだった。

グアテマラシティは、中米で最も危険とされる首都の一つ。一般市民にも銃の所持が認められていて、犯罪率も高い。街を歩いていても、日本人はまず見ない。多くの旅行者はこの街をスルーし、近くの安全なアンティグアという町に行ってしまう。旅行者よりも現地で暮らしている人が、一番身の危険を感じているのかもしれない。

プロモーターの持っていた自宅の鍵。多すぎだろ！

グアテマラに初めて行ったのは、25年ぐらい前の試合のとき。その頃は怖いもの知らずだったので平気で夜1人で出歩いたりしていたが、運がよかっただけだ。

グアテマラシティではプロモーターの自宅に泊めてもらったのだが、自分が泊まる部屋にたどりつくまでに、家の中なのに6本の鍵を使った。全部のドアの上下に2つずつ、鍵が付いているのだ。

今回、世話になったプロモーターは、自宅に常設会場があり、乗っている車や住んでいる家を見てもそこそこ贅沢な暮らしをしていて、やはり狙われることもあるようだ。防犯にはかなり神経質になっていて、外出時には50本ほどの鍵の束を持ち歩いていた。なので、彼のジーパンのポケットはいつも、リスのほっぺたのように膨らんでいる。「重いし面倒だけど防犯上しょうがない」と言っていた。

彼曰く、そもそも治安が悪くなったのは前大統領のせいで、1ヶ月前に大統領が変わってから少しはマシになったと言っていた。たった1ヶ月で目に見えて変わったのが分かるということは、よっぽどひどかったんだろう。

そうは言っても、昼間に街に出れば活気のある場所はある。

試合当日は日曜日。世話好きなプロモーターは試合前に中央広場に連れて行ってくれた。露店や屋台もたくさん出ており、けっこうな人出だ。グアテマラのフライドチキンのチェーン店「ポヨ・キャンペーロ」にも行った。プロモーターの心遣いで、ほんの数時間だがグアテマラを楽しめた。

この団体では、毎週日曜日の夕方4時から定期戦を開催している。メキシコなどではもっと遅い時間に始まることが多いけど、グアテマラの夜は危ないし人も集まらないのだろう。

地元の英雄ヴォルトロンとの戦いは互いに流血する死闘になった

この日の俺の試合はタイトルマッチ。相手は〝グアテマラの英雄〟ヴォルトロン（Vortron）選手だ。

会場にグアテマラ国歌が流れた瞬間、俺にとっては完全にアウェーな空間に。俺をバカにするような

グアテマラの少年ファンたち

「チーノ（中国人）！」コールも起こる中、お互いに流血しながらの3本勝負。結果は俺の負け。会場全体のヴォルトロン選手への声援にペースを乱されてしまった……。

ともあれ、グアテマラのプロレスは熱く、その熱を久しぶりに肌で感じられたのは、大きな収穫だった！

★2012年2月26日　ワールドツアー第22戦

「揉めているのはマフィア同士。市民は幸せに生活しているんだ…」

【団体】オリエンタル興行【場所】ネサ【会場】アレナ・アステカ・ブドーカン【試合】ディック東郷、久保佑允、佐々木大輔組 vs オリエンタル、イステリア、スンビード組で対戦（メインイベント）。日本チームの勝利。

オリエンタルのはからいで、弟子と日本人トリオを結成

親友のオリエンタルが「ディック東郷メキシコラストマッチ」と銘打ち、大会を開いてくれた。「最後に誰と試合したい?」と聞かれたので、オリエンタルを指名。そしてタッグパートナーには弟子の佐々木と久保をリクエストし、わがままを聞いてもらった。宿泊していた宿からも、多くの日本人が応援に駆けつけてくれた。忙しい中、俺のために特別な大会を開いてくれたオリエンタルの気持ちが嬉しい。オリエンタルこそ本当のアミーゴだ。

彼との出会いは、初めてのメキシコツアーに遡る。UWA（Universal Wrestling Association）という団体で、ずっと一緒に練習をしたり試合に行ったりしていた。

彼はアステカ・ブドーカンという会場を持っていて、メキシコにくるたびに試合に出させてもらっている。来日したときにタッグを組んだりもしてい

▶ネサ

親友のオリエンタル

たし、古い付き合いだ。いい加減なところもけっこうあるが、どこか日本人っぽいような、義理人情に厚いところもある男だ。

1ヶ月前、オリエンタルと食事に行った。中心地のガリバルディ広場にある店だ。昔は薄汚い広場だったが、今はとてもきれいになっている。マリアッチがたくさんいて演奏しているし、レストランもたくさんある。

レストランで昔話に花を咲かせていると、近くのテーブルにいた家族をマリアッチが囲み、演奏をし始めた。演奏が盛り上がったところで、子供がお母さんに花のプレゼントを差し出した。どうやら誕生日のようだ。感動して泣き出すお母さんと、笑って抱き合う家族。

その光景を見て、オリエンタルが言った。

「今、メキシコは危険だと報道されているけど、それが全てじゃない。揉めているのはマフィア同士で、市民は幸せに生活しているんだ」

確かにそうかもしれない。当時は日本でもメキシコの麻薬戦争が話題になっていた。マフィア同士の、そして警察との衝突が毎日のように起こっており、現地はかなり危険だと聞いていた。しかし、実際にきてみると報道とまったく違うなという印象を受ける。やはり自分の目で見ないと真実は分からない。先入観があると、この国を本気で楽しめないいんじゃないか。

帰りには、オリエンタルが「オイシイ」とおすすめするスイーツショップに寄り道。目の前にフラン（メキシコのプリン）が運ばれてきた。

「うまいな、このフラン」

「いや、これはフランではない」

「じゃあ何なの？」

「ヘリカヤだ」

「どう見てもフランだけど」

「いや、100％グアダラハラ産のヘリカヤだ」

「どっちにしてもうまいな、このフラン」

「だからヘリカヤだって」

どう見てもプリンだし、ヘリカヤが何かはよく分からなかったが、とにかく楽しい時間だった
（編集部注：ヘリカヤはメキシコ版クリームブリュレのようなスイーツ。牛乳にバニラ、砂糖、シナモンなどを混ぜたものを冷やして固め、表面を火であぶりって食べるもの……だそうです）。

最近のルチャリブレを目の当たりにして

久しぶりにメキシコにやってきて、ずいぶんルチャのスタイルが変わったなという印象を受けた。また、ＣＭＬＬ、ＡＡＡという2つの老舗団体の他に、インディー団体が増えていてビックリ。その中には選手の自主興行や、デスマッチやハードコアを売りにしている団体もある。インディー団体の増え方を見ていて、今の日本に似ているなと思った。

そして、どのルチャドールに聞いても今のメキシコは「プロレスはビジネスダウンしている」と言う。お客さんが入らないから会場の規模を小さくして、ギャランティの安い無名の選手を使う。するとどういうことが起こるかというと、試合が面白くないので余計にお客さんが離れていく。悪循環のような気がしてならない。

あるインディー団体を観に行ったのだが、第1試合を観てすぐ残念な気持ちになった。まず試合がヒドい。体もできていない。そして、とにかく出ている選手が、流行りなのかと思うくらいみんな同じ技を使っている。しかもフィニッシュ級の技を、最初のグランドレスリングの最中にいきなり出す。もちろん効果はない。日本だったら控室で先輩レスラーにこっぴどく説教されるところだが、メキシコでは誰も注意するやつはいないのだろう。アレナメヒコの定期戦も、似たような印象を受けた。

ある選手が言ったのは、メキシコで放送されているWWEの影響だそうだ。しかし、WWEの選手はそんな技の使い方はしてないよ。ちゃんと理にかなった攻撃をした上で、必殺技というものは最後に使っている。「何を見てるんだね、君たち!」と言いたい。きっと技しか見てないんだよね。彼らは肝心な過程の部分を盗まないで、自分が使いたい技を盗んでるだけ。これじゃあ、お客さんは減っていく一方だよ。面白くないもん。そして、アメリカンプロレスをやりたいなら、後ろ受け身の練習を始めないと。メキシコには、後ろ受け身を練習する習慣がないからね。

某ベテランルチャドールが言っていた。

「今のメキシコのプロレスはルチャじゃない。サーカスだ」

加えて、「ただアクロバット的な動きをしているだけ。みんなミスティコやレイ・ミステリオのコピー

メキシコの日本食レストランで偶然プリンス・デヴィットと遭遇

だ」とも言っていた。それには俺も同感だ。いつのまにか技の品評会みたいになっているのは、ちょっと寂しい。なんだか、昔のルチャドールのようなオリジナルレスラーが減ってしまったように感じる。昔はカト・クン・リーとかブラックマンとか個性的な選手がたくさんいたけど……。ダイヤの原石がいっぱいいるのに、もったいないと思う。

ルチャのスタイルもだいぶ進化し、アメリカンスタイル、ジャパニーズスタイルが取り入れられている。もちろん今のスタイルが好きな人もたくさんいるだろうし、これは、あくまでも俺が感じたことだけど、俺は昔のルチャのスタイルが好きだし、このまま消えてなくなるのは淋しいと思うな。

そこでひとこと提案したいのは、今こそ原点に帰ろうということ。そうすれば逆に新鮮だし、昔のお客さんも戻ってくるかもしれない。たまにレジェンドの興行があるけど、たくさんお客さんが入っている。それが答えじゃないのかな。

"Que te vaya bien"

"Que te vaya bien（ケ・テ・バヤ・ビエン）"

大好きなスペイン語のひとつだ。中南米を旅していると、この言葉をよく耳にする。日本語に訳すと「気を付けて行ってらっしゃい」といった意味。たくさんのアミーゴが、別れ際に必ずこの言葉をかけてくれた。

この言葉を聞くと、今も自然とホアンの顔が浮かぶ。ホアンとは、メキシコで通っていたジムで出会った人物だ。

このジムは、メキシコで行ったジムの中で一番相性が良かった。マシンも揃っているし、何よりいつ行ってもガラガラの貸切状態で、周りを気にせずトレーニングできるのがよかった。このジムに通いだしてからは調子もよく、ベンチプレスもショルダープレスも過去最高の重量を上げるようになっていた。

オーナーのセニョール・ホアンは、70歳ぐらいだろうか。若い頃にはボディビルをやっていたようで、ジムに飾ってある30代の頃の写真を見ると、シュワルツェネッガーとは言わないまでも、なかなかの肉体美だ。今もそんな歳とは思えないほどの体型を維持して

お世話になったジムのオーナー、セニョール・ホアン

いて、いつも昼になると、手作りの愛妻弁当を広げる。覗き込むと、鶏肉やゆで卵、ブロッコリーなどが入っていて、炭水化物はなし。そんなプロテイン弁当をいつも食べていた。すごく温和な人で、この人は怒ったことがないんじゃないかというぐらい、喋り方も優しいおじいちゃんという感じ。ちょっと求道者みたいな雰囲気もあった。

そんなホアンが帰り際にいつも言うのは「Que te vaya bien」。行ってらっしゃいという意味で使われるほか、直訳すると「君にいいことがありますように」という意味だ。ホアンとは毎日のようにジムで顔を合わせ、帰り際にはいつもの温かい語り口で、必ずこの言葉をかけてくれた。最後のトレーニングの日も、いつもと変わらぬ満面の笑みで最後に一言。

"Que te vaya bien"

そして、俺はまた次の国へ向かう。

第五章　ペルー、エクアドル編

ペルーってアブナイの？

あまりの居心地の良さからついつい長居してしまったメキシコに別れを告げる日がやってきた。旅立ちの朝、早朝にもかかわらずオリエンタルが車で泊まっていたペンション・アミーゴまで迎えにきてくれた。空港まで見送ってくれたオリエンタルとハグを交わして、「またいつか会おう」と再会を約束しバイバイ。いよいよ次の目的地、ペルーに向けて出発だ。

メキシコからペルーまでは、飛行機で5時間30分の旅。ちょっと寝られて1本映画を観られる丁度いい長さだ。俺は飛行機の窓から外を眺めるのが好きで、窓側の席に座れると子供のように窓に顔をくっつけて外の景色を眺める。窓についた顔の油脂が、俺の旅の足跡だ。

ああ、もうじきペルーに到着するなあと、心の中で独り言。特に初めての国となると、なおさらワクワク感が止まらない。そうしているうちに飛行機は着陸体勢に入り、どんどん高度を下げはじめた。これから始まるペルーの旅。胸の高鳴りが他人に聞かれそうなほどテンションが上がり落ち着きがなくなっていく。とりあえず一旦深呼吸をし、再び窓の外を眺めると、ライトに照らされた黄金の町が見えてきた。

▶リマ

リマの街並み。治安はあまりよろしくない。

深夜12時、無事にペルーに到着。空港の外に出ると湿度が高くて、生暖かい空気が滞留していた。とにかく不快指数がハンパない。

ペルーに入る前、インターネットで情報収集したところ「リマの旧市街はかなり治安が悪い」という書き込みが多かった。多くの旅行者は治安の面を考え、ミラフローレス（高級住宅街）という地域に泊まっているようだ。「よし、俺もミラフローレスに宿を取ろう！」と調べてみたものの、宿代が高過ぎるという理由から断念するしかなかった。それでも、安全面を考慮し旧市街を避け、なおかつ金銭的にも妥協できる、サン・ミゲール地区にある「ポコ・ア・ポコ」という日本人夫婦が経営する宿に滞在することにした。今回の宿選びは大正解。何が良いってまずご飯が美味しい。これって重要。しかも朝ご飯だけじゃなく夜ご飯も出るのだ。ジムやスーパーが近いのも本当に有り難い。

想像以上にリマは大都会で、何一つ不自由がない。

問題は治安の悪さ。宿の人にペルーの治安について聞いてみても、やはり口を揃えて「外出には十分気を付けて下さい」と言われる。しかし、そのあとに決まって言われるのが「でも、東郷さんなら大丈夫ですよー」。いやいや、大丈夫じゃないから。

実際にこんな話を聞いた。乗っていた車の窓ガラスを叩き割られてカバンを盗まれたとか。タクシー強盗が頻発しているとか。なので、タクシー運転手も治安の悪い所になると、はっきり「無理」と言って乗車拒否をする。ひどいのになると、信号待ちしてる間にタイヤのホイールを持っていかれたという話も。

そんな話を散々聞かされた後で、アルマス広場がある旧市街に行ってみた。明るいうちは、特に治安が悪いと感じなかったのも事実。地元の人や観光客も多く、普通に写真を撮っている。なので「なんだ、大丈夫じゃん！」とつい油断するのだろう。その油断した何人かがターゲットになっているような気がする。俺はその辺の嗅覚は鋭い方なので、場所をわきまえてカメラを出して写真を撮っていたつもりだったが、一緒にいた宿の人に「危ないのでカメラをしまって下さい」と言われてしまった。また、旧市街ではないが地元のレスラーと夜歩いていて「ここはかなり危険だから」と笑って言われた。そんな所、連れてくるなよって感じ。

2日目、さっそく地元のレスラーたちに会う。LWA（Leader Wrestling Association）という団体代表のアポカリプシス（Apocalipsis）は、時間ぴったりにやってきた。信用できそうだ。その後はリマにあるシェラトンホテルで、パナマからのプロレス雑誌記者の取材を受ける。今月、試合ができそうだ。

別の日には泊まっている宿に突然、ペルーのテレビ局「Canal6」が取材にきた。通訳付きのインタビューに、簡単なデモンストレーションをやったけど、どうやって俺の居場所を探したんだろう。謎だ。

LWAの代表、アポカリプシス。男気のあるヤツだ。

鉄板のようなリングで練習

出場予定の団体LWAの代表アポカリプシスは、身体能力が高いのはもちろん技術もしっかりしていて、団体ではずば抜けた存在。

体はマッチョでデカく、タトゥーもいっぱいでイカツイ風貌だが、素顔は川谷拓三に似ている。普段はジムでボクササイズなどの指導をしているのだが、その仕事を休んでいろいろ世話を焼いてくれた。

そのアポカリプシスに、「うちのスクールの生徒にジャパニーズ・スタイルを教えてほしい」と頼まれた。ペルーのプロレス・スクール……興味がある！　二つ返事で引き受けた。

翌日、アポカリプシスは約束の時間に現れた。これまで3回待ち合わせをしたが、彼は一度も遅れたことがない。本当にペルー人のレスラーは時間を守る。いや、当然のことなのだが、ここの前に滞在していたメキシコが時間に関してはひどすぎた。「約束を守ること」。これが信頼関係を築く第一歩のような気がする。

＊　＊　＊　＊　＊

だいたいどこの国でも、プロレスの道場というのは中心地から離れた街にある。ペルーも例外ではない。バスとコンビ（小型バス）を乗り継いで40分、どこまで行くんだろうというぐらい中心部から離れていく。そこからさらに10分ほど歩いて、ようやく到着した。

周りは畑だらけで何もない。お世辞にも、治安が良い場所ではなさそうだ。だだっ広いところにポツンと建っている「道場」は、落書きだらけの壁の横に、やたら大きなサボテンが伸びている。いちおう簡素なトタン屋根は付いているのだが、どう見ても雨漏りしていそうだ。リングのキャンバスの色も、もともとは白だったのだろうが、どす黒い土色に変色している。もうロープもうまく締められないようで、ダルンダルンにたるんでいる。もちろん更衣室などはない。しきりに「道場」だと言うが、道場と呼べるかどうかは微妙。しかし、プロレスを志すものが集まる場所をそう呼ぶのなら、そこは道場なのだ。

練習に参加したLWAの若手レスラーたち

練習に参加したのは11人。みんな仕事を持っているので、普段は練習の集まりも悪いようだが、この日は俺がくるということもあってか、みんな集まったようだ。アポカリプシスをはじめ既に試合をしている選手からデビューしていないスクールの生徒まで、一緒に練習した。

ここのスクールでは、実力を認められるとエスカレーター式にLWAのリングでデビューできる。メキシコの選手から「南米のレスラーのレベルはヒドいよ」と聞いていたが、普段やっている練習を見せてもらったところ、想像以上にいい。まだ試合は見ていないが、期待できそうな選手が何人かいた。

プロレスにはさまざまなスタイルがあるが、彼らのスタイルはメキシカン・スタイル。後ろ受け身はあまりやらず、独特なトレスクアルトスという前回り受け身をするのが特徴だ。ウォームアップの練習内容も、マット運動から始まり、ロープワーク、メキシコ独特の投げ技や受け身の練習がメインだ。この練習は、アメリカや日本でもやっている団体が多い。一通り見せてもらったあと、ジャパニーズ・スタイルを教えた。簡単で基本的な技だけだが、初めてということもあり、すぐに順応できたのはアポカリプシスぐらいで、ほかはかなり戸惑っていた。まあ、1日で覚えるのはそもそも無理！　これからの練習で、少しずつできるようになってほしい。

練習を終え、日本の練習環境は恵まれていると実感する。ヒドいマットというものはないし、更衣室もある。その点、ここのリングはボロボロで、スプリングも効いていない。マットは鉄板かという固さだ。そんなリングで「セニョール・トーゴー、受け身の手本を見せてください！」とせがまれるからたまったもんじゃない。そりゃあ俺もプロだからやったけど、正直、帰りたかった。

道場を出るとリマの空に美しい夕焼けが広がっていた。歩いて行けるところにある練習生の家で、みんなでジュースをごちそうになる。さあ、強盗に襲われないうちに帰ろう。

★2012年4月22日　ワールドツアー第23戦

ペルーの日系人レスラー

【団体】ＬＷＡ（代表：アポカリプシス）【場所】リマ【会場】Casa de la Cultura
【試合】ＴＶＫとシングルマッチ（第1試合）。クロスフェイスで勝利。ディック東郷vsアポカリプシスvsイカロvsドクトル・ベネノの４ＷＡＹマッチ（メインイベント）にも出場、ドクトル・ベネノがイカロに勝利。

2012年4月22日。ペルー唯一の団体ＬＷＡの大会に出場するため、会場へ向かった。試合は午後3時から。昼過ぎに会場に入ると、まだリングの設営中だった。あまりの人の多さに、誰が選手で誰がスタッフなのか分からない。この人は絶対に選手だろって体格の人に話しかけたら、スタッフだった。
　リング作りを終えた選手たちは、控室へ戻ると写真を撮って欲しいと言ってきた。それを見た他の選手も、俺も、俺もと、まるで撮

LWAのポスター

LWAの会場。公民館のような場所だった。

影会のようだ。そんなことをしているうちに、いつの間にか開始時間になっていた。「どれどれ、お客さんはいっぱいいかなぁ」と会場を覗いてみると、お客さんがいないじゃないか!?

なんてことはない。事前に告知された開始時間だけど、実際にはまだ開場もしていないのだから当然だ。この辺はペルータイムなのか。結局、40分押しでスタートした。

俺は第1試合で、TVKという選手とシングルマッチだった。なんと2ヶ月ぶりの試合になる。最後はクロスフェイスで完勝！　このTVKという選手は良かった。うまくすれば彼はきっと良い選手に育つだろう。

いい試合をしたという達成感を感じながら控室に戻って着替えようとしたら「セニョール・トーゴー、メインで4エスキーナ（4WAY）があるから着替えちゃダメだ」と言われた。急にそんな事言われても、頭の中は「?・?・?」だ。どうやらさっきの試合は、メインの出場権をかけたシングルマッチだったようだ。

ということで、再びメインに登場。ディック東郷vsアポカリプシスvsドクトル・ベネノ（Dr. Veneno）vsイカロ（Ikaro）。この4人で4WAYマッチだ。この手の試合はほとんどやった事ないので苦手なんだよね（前年12月にアメリカで3WAYを初体験したばかり）。お客さんにも分かりづらいと思うんだけど。

選手スタッフ総出でリングを設営する

結果は自分とアポカリプシスが場外に落ちている間に、ドクトル・ベネノがイカロにフォール勝ちしたようだ。なんか力を出しきる前に勝負がついた感じで、かなり消化不良だ。

だがこの日は、会場でたくさんの日本人の声援を受けた。ペルーには日本の企業の支社などが結構あって、そこの社員の人や同じ宿のお客さんが応援に駆けつけてくれたのだ。日本語の声援は、試合をしていてとても心強かった。

日系人の若手レスラー、川下君

南米を旅していると、雑多な人が混じって暮らす中に、特別に俺たちの関心を引く人々がいる。それは、俺たちと同じルーツをもつ日系人の存在だ。かつてフジモリ氏が大統領になったことで、日系人が多いことが日本人にも知られるようになったペルー。またこの国は、南米で最初に日本人が移住した国でもある。

会場を出ようとしたら、リングの撤収をしていた日本人顔の青年が挨拶にきた。彼は日系ペルー人4世の川下君という。なんとまだ18歳。日本語はほとんど話せなかったが「paisano（同郷の意味）」と言ったら喜んでいた。試合では一生懸命、日本語をしゃべりながら戦っていたけどね。わざわざ挨拶にくるところに、日本人のルーツを感じる。

彼には、これからも頑張って欲しい。またいつかペルーにきたとき、この団体を訪れたいと思う。

ペルーのプロレス史はたったの5年!?

大会を終えて、ペルーにはあまりにもプロレスが浸透してないことが発覚した。隣国のチリ、アルゼンチン、ボリビアよりもプロレスの歴史が浅いのが、一番の理由だ。そこでこれから先、どうやったらプロレスが根付くのか勝手に考えてみた。

この団体は旗揚げして5年。それまでペルーにはプロレスがなかったという。つまり、ペルーのプロレスの歴史はたったの5年ということになる。しかも、ペルーにある団体は、このLWAひとつだけだ。それもあり、地元の人のほとんどがLWAの存在すら知らない。また、ルチャリブレがどんなものなのか、理解していないのだ。

そんなペルーにプロレスを根付かせるためには、メキシコや日本、アメリカと同じことをやっても無理だと思う。同じことをやったら、地元の人はWWEを見るだろう。現状が既にそうだ。はっきり言って、そっちの方がグレードが高いから。

しかし、LWAの選手もそこには気付いている。だからもがいているのだ。気付いているならなおさら、スタイルを変えるべきだと思う。首都リマは大都市だけど、もっとペルーらしさを出した泥臭いプロレスの方が地元の人に受ける気がする。それこそ名前も「インカプロレス」にしたらどうだろう。それだけでインカコーラがスポンサーに付くかもしれない。

俺の勝手な理論だけど、地方こそB級。富士宮の焼きそばのように、背伸びをする必要はないと思う。ボリビアのチョリータ・レスリング（民族衣装を着た女性によるプロレス）が受けているのは、B級だからこそ。B級プロレス路線で行けば、近い将来、ペルーにもプロレスが根付いていくのではないだろうか。俺がもし地元秋田でプロレスをするなら、迷いなくB級で行く。

エクアドルでまずはジム探し

朝6時の飛行機でペルーの首都リマを出発し、約2時間30分ほどでエクアドルの首都キトに到着。ペルーとエクアドルは時差がないので、時計をいじる必要がないので楽ちん。地味に面倒な作業なんだよね。入国審査もすんなり。

キトは空がダイナミックで圧倒される。標高は2800メートル。ボリビアのラパスに次いで、世界で2番目に標高の高い首都なのだ。ちなみにメキシコシティが標高2240メートルで、ペルーのリマが標高0メートル。リマが過ごしやすかっただけに、いきなり標高2000メートル級の場所に移動すると息苦しい感じがする。俺は高山病とは無縁だったが、旅行者で高山病になる人も少なくないとか。

夕方、腹が減ったので、宿の近くの定食屋へ。早速地元の人が食べている物を注文。人が食べ

エクアドルの首都キトに到達（左）、定食屋で「アレと同じの」で出てきた料理（右）

てるのを指して「アレと同じの下さい」と言ったので、料理名は分からないけど、味のない茹でたトウモロコシに塩をかけたのと、ジャガイモ、揚げたバナナ、豚肉が入っていた。ジャガイモは美味しかったが豚肉は固かったなぁ。とても質素な夕飯だった。

とりあえず今日はゆっくりして、明日からジムを探したいと思う。

＊＊＊＊＊

海外のジム探しは、レスラーの口コミが頼りだ。ボディビルが盛んな国はジムもすぐに見つかるが、ない国には本当にない。特にラテンアメリカでは探すのが大変だ。ジムなどの趣味にお金を使えるのはそれなりに裕福な家庭の人が多く、近所を歩いている地元の人に聞いても分からないことが多い。自分の嗅覚と足を頼りに探すしかない。

街中にはカラフルな壁画アートも（左）、キューバ料理屋があってテンションが上がる（右）

2時間ほど歩いただろうか。やっと見つけた。この時点でけっこうな運動になったので、1時間ほどトレーニングをして帰る。やはり高地でのトレーニングはきつい。日本の感覚でやっていると頭がぼーっとしてくる。まずはジムを探せたところで、本日のミッションは達成ということにしよう。

エクアドルには四季がなく、雨季と乾季に分かれている。暦の上では5月いっぱいまでは雨季とされるが、一年を通じてそこまで変化がないらしい。

キトの天気は変わりやすい。いい天気だなと思っていると突然曇って雨になったり、雨かと思えばすぐに晴れたり。地元のレスラーが「como mujer（女性のようだ）」と言っていた。エクアドルでも天気を女心に例えるんだな。

夜、バイキングに行くと、くねくね歩くウェイターがしきりにアルコールを勧めてくる。断ってダイエットコーラを頼む。5分後またやってきて、「アルコールもあるけどどうかしら？」と言う。結構ですと断る。ダイエットコーラが空になるとまたきて「今度はアルコールどうかしら?」。俺を酔わせてどうする気なんだ。

★2012年4月28日 ワールドツアー第24戦

赤道直下の国にもプロレス団体はあった

【団体】WAR【場所】トゥンバコ(エクアドル)【会場】Coliceo de Tumbaco
【試合】セミでタッグマッチ。ディック東郷、ホルヘ・ケブラーダ組vsリッキー・グラマー、キャプテン・エクアドル組で戦い、ホルヘがリッキーにフォール負け。

赤道直下の国エクアドルにもプロレス団体はあった。その名も「WAR(WAR LUCHA LIBRE del Ecuador)」。2012年4月28日、このWARという団体に出場した。

会場は、エクアドルの首都キト市の中心部から車で約40分ほど行ったところに位置するトゥンバコ市にあった。この日のメインは金網マッチ。団体初

▶トゥンバコ

ニューヨークから来た問題児、ホルヘ

の試みだそうだ。ビッグマッチとあって、会場は3000人収容できる大きな会場だった。実際のお客さんは400人くらいだったけどね。この大会には盟友のメキシコ人レスラー、スペル・クレイジーも出場する。

俺はセミでホルヘ・ケブラーダ（Jorge Kebrada）と組み、リッキー・グラマー（Ricky Gramour）、キャプテン・エクアドル（Capitan Ecuador）組と対戦。パートナーのホルヘは、メキシコ生まれのニューヨーク育ち。海外にも「ゆとり世代」があるかは知らないが、そんな感じのあんちゃんだ。

こいつが困ったヤツで、本当は前日にキトに着くはずが、寝坊して飛行機に乗り遅れたとかで、当日空港からギリギリ会場入りしてきた。しかも、俺とクレイジーに向かって「あなたたちは寝坊で試合に遅れたことないの？」と平気で聞けちゃうヤツなのだ。これには、俺もクレイジーもカチンときて、「お前なぁ……、プロレスに対するパッションがないんだよ！」と、2人でコンコンと説教してやった。

試合前にこんなことがあり、かなりへこみ気味のホルへ。今までこんなに怒られたことがなかったのだろう。そんなホルへと俺が「チーム・インターナショナル」を結成したのに対して、相手は地元「チーム・エクアドル」。どっちがベビーフェイスで、どっちがヒールか、もう分かるだろう。そう、俺たちが完全にヒールだ。

リング上でホルへに「スペイン語でマイクで挑発しろ！」と指示を出す。言われた通りマイクで挑発するホルへ。予想通りお客さんはヒートアップでブーイング。マイクをきっかけに突っ掛けた。

エクアドルWARでの試合。リッキーのホモ行為をおことわりする俺。

相手のリッキー選手はゲイレスラーで、顔や太り方がちょっとDDTの男色ディーノに似ている。得意技はもちろん「ホモ行為」。なぜか必要以上に絡まれた。でもリッキーのおかげで、終始楽しい感じの試合になった。結果はホルへがリッキーにフォール負け。試合後も俺にダメ出しを喰らってしょんぼりのホルへ。海外じゃ怒ってくれる人はいないけど、日本のレスラーはこうやって成長するのだぞ。ガンバれホルヘ！

試合後、プロモーターが俺とスペル・クレイジーを食事に誘ってくれた。ご飯を食べてる途中、プロモーターに「うちの選手はどうだった？」と聞かれ、2人で顔を見合わせる。正直、きつい質問だ。俺もクレイジーも返答に困ってしまった。でもクレイジーははっきりと言った。

「良かったとは言えない。言ったらウソになるから。もっと練習が必要だね」

これは、プロとしての評価だ。プロモーターは「やっぱり、良くなかったか……」と遠くを見つめていた。ただ、お客さんは楽しんで観戦していた。これは事実だ。

ひとつ言わせてもらうと、この団体は選手とスタッフが全員WWEファンで、何から何までWWEの真似なのだ。ファンなのは構わない。ただ、自分がリングに上がってプロのレスリングをするのであれば、ファン目線からレスラー目線に切り替えないと！　この辺の意識が変われば、随分成長すると思うけど……。

イグアナに会うため全財産ごと移動中

急だし少し遠いけど、夜行バスでグアヤキルまで行くことにした。目的はイグアナ。グアヤキルには、子供の頃から会いたかったイグアナと触れ合える公園があるのだ！

キトの夜景。夜の街はかなり怖い。

4月30日午後9時30分、ホテルをチェックアウトしてタクシーを拾う。「キトゥンベ・バスターミナルまで行ってくれ」と言うと「10ドルだ」と言う。ここから交渉が始まる。

「10ドルは高いだろう。5ドルにしてくれ」

「夜だし遠いから8ドルが限界だ」

しつこく粘ったが相手も引かなかったので、8ドルで手を打つ。運転手とくだらない話をしながらターミナルへ向かう。途中、旧市街を通るのだけど、人がほとんど歩いていない。昼間に行ったときはなごやかにも感じた場所だが、運転手の話を聞いていると、夜はかなり危険らしい。そんな話をしていたら、暗闇に黒人が3人立っているのが見えた。

「あいつら、強盗だよ」

運転手が言う。マジかよ。エクアドルではこんなに簡単に強盗に会えるんだ……。いや、感心している場合ではない。移動中の俺は、パスポートから試合のコスチュームまで、貴重品を全部持っている。今、襲われたら完全にアウトだ。信号で停まるたびにヒヤヒヤする。

強盗に怯えていたせいもあるかもしれないが、乗り込んだ新市街からバスターミナルまでは本当に遠かった。道路が空いている夜なのに、40分ぐらいはかかったんじゃないかな。運転手に「本当に遠いな」と言うと「だろ！」と目を見開いていた。値切ってすまん。

ようやくバスターミナルが見えてきたが、なぜかだいぶ手前の信号で降ろされる。ここまできたら中に入ってくれたらいいのに……というか、ここで襲われたらどうするんだよ！　平静を装いながらも、夜道を急いで中に入る。チケット売り場は2階にあった。

グアヤキルまでは夜行バスで10ドル。出発時刻は午後10時40分で、まだ30分ある。キトの夜は寒い。バスを待つ間にどんどん体が冷えていく。なかなか現れなかったバスは、出発時刻より10分遅れてやってきて、20分遅れでようやく出発した。でも、20分ぐらいならまだかわいいもんだと思えるようになってきた。ここはラテン・アメリカだ。こんなことぐらいでは驚かない。

周りの乗客を見ると、どうやら日本人は俺だけのようだ。車内はけっこう狭く、トイレも申し訳程度に付いているレベルで、使用する気にはなれない代物だ。とても快適とは言い難い。走り出して10分ほどで車内は消灯。バスはかなり揺れるし、前の席の乗客がリクライニングをガッチリ倒してくれればスキマはほとんどない。膝が痛いが頑張って寝るとしよう。

車窓から見た景色。湿原地帯やスラム街のような町をバスは走り抜けていった。

＊　＊　＊　＊　＊

暑くて目が覚めると、バスが停まっていた。時計を見ると、深夜2時。バスは単に停車しているだけではなく、エンジンも切っているようだ。嫌な予感がする。

ほとんどの乗客は眠っていて、気付いていないようだ。前の方の男性と目が合った。「どうしたんだろう?」という顔でこちらを見ている。俺を含め起きているのは4人ほど。業を煮やして運転席まで様子を聞きに行った1人の乗客が叫ぶ。

「運転手がいないぞーっ」

その声に他の乗客も目覚め、車内は騒然となる。バスジャックかとも思ったが、それにしては犯人が乗り込んでこない。いったい何が起こっているのか。確かめようにも街灯はなく、車内も真っ暗だ。だいたい、ここはどこなのだ。キトから2時間は走ったはずだが、確認する手立てがない。暗闇の中に放り出され自分の居場所も確かめられない。先程も言った通り、今の俺は全財産

苦労して到着したグアヤキル。イグアナ公園で念願のイグアナにもバッチリ会えた。

を持ち歩いている。絶体絶命感がつのる……！

唐突に「プシューッ」とドアが開く音がした。やはりバスジャック!?

乗ってきたのは運転手と助手だった。ここで初めて、バスが故障したことを知る。それから1時間以上、直るのか直らないのかも分からないまま、暗闇に放置される。一刻も早くこの場所から立ち去りたいのだが、どう考えてもタクシーを拾える場所ではなさそうだし、暗闇の原生林をひとりで歩いて、山賊にでも襲われたらおしまいだ。日本なら代わりのバスがきそうなものだが、ここはラテン・アメリカ。くるわけがない。為す術がないまま苛立ちが募る。疲れてるのにもう勘弁してくれ……。

しかしこんな状況でも、寝ている乗客はたくさんいた。こんなことは日常茶飯事なのだろうか。俺も隣の席で熟睡する太った黒人のおばちゃんを見習い、眠ろうとする。1時間ぐらい経った頃、ようやくエンジンがかかった。ゆっくり動き出すのだが、しかしすぐに止まってしまう。これの繰り返し。もう腹をくくって眠るしかない。

朝6時。目を覚ますと、バスは原生林の中を猛スピードで走っていた。窓の外は映画『ジュラシック・パーク』の世界。水に浸かっている村を通過する。高床式の住居がたくさんある。トウモロコシ畑やバナナ畑を通り過ぎる。湿原にはシロサギのような鳥がたくさんいる。フィリピンのスモーキーマウンテンのようなゴミの山もあり、早朝にも関わらずゴミを漁る人もいる。見るものすべてが新鮮だ。

バスは予定より3時間遅れて、グアヤキルのバスターミナルに着いた。乗客からは拍手が起こる。日本なら「金返せ！」コールが起きるんじゃないかな。ともかく、無事に着いてよかった。

宿探しも楽じゃない

グアヤキルに到着した5月1日はメーデーで、近くの10月9日通り（9 de Octubre）では、労働者たちがデモをしていた。この旅ではデモをよく見かける。子供も混ざったりしていて一見、ゆるい感じのデモに見えるが、道路の横には機動隊も控えている。ゲバラTシャツを着た集団もいる。やはりゲバラは戦いのシンボルなのだろう。

▶グアヤキル

グアヤキルでは着いたその日にデモ隊と遭遇

バスターミナルから市内までは、タクシーで4ドルと言われた。相場がわからないので言い値でOKする。目を付けていたホテルに行くも、フロントのオヤジの態度があまりにヒドいので、メキシコ流の「ファ○クュー」を捨て台詞に、すぐそばの「ホテルサンダー」へ。オヤジの怒声が聞こえたが、知ったことか。ホテルサンダーの部屋の値段は17ドル。Wi－Fiは使えないが、ロビーのパソコンは無料で使える。シャワーは水だけ。けっして条件は良くはないが、すぐに部屋に入れるというから、ここに決める。長旅だったし、とにかく早く休みたかったのだ。

翌日は9時に起床。目抜き通りにあるパン屋さんで朝食をとる。パン2つにコーヒーが付いて1・35ドル。そしてホテルは早めにチェックアウトした。Wi－Fiが使えないと、やはり不便だ。各国のプロモーターとその場その場で交渉をするんだから、Facebookは常にチェックしないといけない。さあ、改めて宿探しだ。

まずは昨日も見かけた1泊13ドルのホテルへ行ってみるも、満室。タクシーを捕まえて、1泊15ドルぐらいのホテルを知らないか聞くと、知ってると言うので2ドルで連れて行ってもらう。連れて行かれた先は安くて清潔なホテルだったが、60ドルの部屋しか空いていないと言うので、却下。フロントのお姉さんが親切で、近くで15ドルのWi-Fi付きのホテルを教えてくれる。全財産を抱えてひたすら歩く。この日のグアヤキルは蒸し暑く、汗が吹き出してくる。

15分ほど住所を頼りに歩いて、やっとホテルを見つけた。値段は16ドル。エレベーターはなく、4階まで全財産入りの荷物を運ばなければいけない。大変だが、Wi-Fiが使えるならこれでいいや。宿探しも楽じゃない。

昼は近くの定食屋でランチ。「Sopa de Torrejas」というスープがうまかったが、入っているのが何の肉かは聞かないでおいた。メインは「Rinon Saltado」。レバーの入ったハヤシライスのような料理だ。ご飯の上には揚げたバナナが乗っている。これに飲み物が付いて1・90ドル。安い。

コロンビアのインチキプロモーター

今頃はコロンビアで試合をしている予定だった。

最初は3月にブッキングされ、5月に延期になったので、これで2回目の延期になる。次は9

月になったと言われるが、もう信用はできない。

全てうまくいく旅ではないと思っていたが、このコロンビアのプロモーターにはかなり振り回された。後で他のレスラーに聞いたら、いつもこんな調子でブッキングと延期を繰り返しているヤツらしい。

中南米は、初めて行く国と、初めて会うプロモーターがほとんど。中にはかなり怪しい人物もいるし、最初から100％信用するのは無理な話だ。少しずつ話をして、だんだんと信頼は重ねていくもの。だから中南米でのオファーはかなり慎重に話を進めていたのだが、コロンビアは行きたい国だったし、もちろん試合をしたい国だった。おまけに試合のポスターまで送られてきたので、つい信じてしまった。

旅の情報を得るのも難しいラテン・アメリカで、プロレスの情報を得るのはとても難しい。団体を探すのも大変だ。しかし俺は引退する前に1回でも多くの試合がしたいし、だからどんな小さな情報でも逃さないように、怪しい話にも一度は乗っかることにしている。明らかに怪しい内容のメールでも返事をして、本当に試合ができるかどうかを慎重に見極める。試合ができそうだと判断すると、今度は現地に行き、プロモーターと実際に会って話をする。そしてその話から、本当に試合ができそうか、さらに判断する。そんな冒険が吉と出て実際に試合ができることもあるし、今回のようにがっかりさせられることもある。

実際に当日、会場に行くまで不安はつきまとう。会場に着いて他の選手が何人かきていれば、一応は「今日は大丈夫かな」と思えるが、それでも90％はできそうかなというぐらいで、100％ではない。何が起こるかわからないのがラテン・アメリカ。今回のようにポスターまでできていても、試合がなくなることだってある。試合が終わってようやく「ああ、俺はこの国で試合したんだ」と実感するわけだ。今回エクアドルで試合ができたことは、本当にラッキーだった。

現実逃避にきた町で、唐突にプロレス教室

グアヤキル滞在5日目。クエルボと名乗る人物から、滞在する宿に電話がかかってきた。何者だろうか。そしてなぜ、俺が泊まっているホテルを知っているのか。

電話に出てみるとものすごく早口なスペイン語で、半分ほどしか分からなかったが、疑問は解決した。彼はグアヤキルにあるプロレス団体の代表で、ペルーで世話になったプロモーター、アポカリプシスに俺の居場所を聞いたという。

「セニョール・トーゴー、明日、プロレス教室をやってもらえませんか？」

唐突なオファーだが、もちろんOKした。アポカリプシスには非常に良くしてもらったし、自分の持つ技術を世界に広めるのも、今回の旅の目的だからだ。コロンビアの試合がなくなり、傷

突然連絡をしてきたクエルボ。いつも奥さんと一緒のおしどり夫婦だ。

心を癒そうとイグアナに会いにきただけだったが、やはり南米は何があるかわからない場所だ。

翌日の午前11時、クエルボ氏が宿に迎えにきた。タクシーに乗り込み10分ほど走ると、サッカースタジアムに到着。そのすぐそばにある倉庫街に道場はあった。サビだらけのシャッターを開けると部屋の中央にあったのは、意外と状態のいいリングだった。

練習に参加したのは10人。いつも通り、はじめにスクワットをやらせてみた。これだけで団体のレベルがある程度分かる。しかし、何人かは50回でキツそうな顔をしている。日本の新人レスラーは500回はやらされるスクワットだが、たった50回でこの顔は正直、驚きだ。その後、マット運動、受け身、基本技の順で練習をするも、できる人とできない人の差がすごく、まともにできるといえるのは10人中たったの2人。何人かは体を鍛えている子もいたが、その道場にもウェイトの器具はなかったし、基礎練習はせずにリングで好きな練習だけやっているのだろう。一旦練習を中止し、集合させて厳しい言葉をかける。

「まずプロレスをできる体力を付けることだ。これじゃ素人と変わらないよ」

倉庫の中でエアコンなどなく、室温は40度ぐらいにはなっていたが、その後は少し気持ちの入った練習になった。

急遽、プロレス教室を実施。もっと体力をつける必要があると感じた。

練習が終わった後、一緒にビールを飲みながら、クエルボが言った。

「メキシコやアメリカにはプロレスの文化があるけど、南米にはそれがありません。南米でプロレス団体を維持するのは、非常に難しい。うちの団体で、プロレス1本で生活している人は誰もいません。みんな別の仕事を持ち、掛け持ちでプロレスをしています。でも今日、厳しいことを言ってもらえてよかった。セニョール・トーゴーの言葉で、彼らのプロレスに対する意識が変わると思います」

プロレスだけで食えるのは、世界でも一握りの人間だ。とくに中南米でプロレスだけで食べている人は、メキシコ以外にはまずいない。そもそも体を鍛えるのにも金はかかる。本当に貧乏だと、中南米では趣味すら持てない。趣味でプロレスをやれているのは、ある程度裕福な家庭の人なんじゃないか。

クエルボのリングネームはクエルボ・クロウ（Cuervo Crow）。Crow（カラス）という名の通りダークなメイクで試合はするが、プライベートでは礼儀正しく笑顔の優しい青年だ。奥さんとラブラブで、どこに行くにも一緒だった。短い期間だけど、本当に良くしてくれた。彼とはいろんな話ができたし、何より、目指しているボリビアのルチャ情報をもらえたのは収穫だ。

ラテン・アメリカのプロレスは謎だらけだ。試合が急になくなるかと思えば、こんな出会いもある。彼とはこれからも連絡を取り合っていきたい。

殺し屋を探しています

エクアドルの町のあちこちには張り紙がある。誘拐された人を探す張り紙が何枚もあり、怖いなと思っていたが、よくよく読んでみると中には「SE BUSCA ASESINO（殺し屋を探しています）」というものもある。さらに怖くなる。かなりの人数を殺さないと「殺し屋」とは呼ばれないのではないか。そして、そこからさらに殺さないいと、電柱には張り出されないのではないか。

日本の「この顔にピンときたら１１０番」とは、ちょっと次元が違うかもしれない。

町中では、少し中心部を外れると、人相の悪い黒人がたむろしていて、こちらを物色するように眺めていたりもする。夜は車も停まると強盗に遭うからと、赤信号でも停まらない。観光客にとっても危険だ。

実際に、引退ツアーを追っかけてくれてた１人のファンの女性も、街中で強盗に遭ったという。夜、１人で歩いていたら数人に囲まれて、肩からかけていたバッグを取られそうになり、抵抗したら正面から顔にキックをくらって、顎の骨が折れてしまったそうだ……。翌日、エクアドルの日本大使館に助けを求めて、現地（キト）で手術をするはめになったということだったが、やはり怖い話はあるなと。ただ、そんな目に遭ったらさすがに帰国するだろうと思ったが、その人はそのまま観戦ツアーを続けたというツワモノだった。ホントにすごいっす！

「殺し屋を探しています」の張り紙

正直なところ、エクアドルでは気に入らないヤツにもたくさん出会った。宿でタクシーを呼んでもらい、目的地まで６ドルで行く話のはずが、着いてみると7ドルだと言い出す。通っていたジムでも、1回5ドルのビジター利用のはずが、受付の担当者が変わると6ドルとか7ドルとか言ってくる。差額を懐に入れるのだろう。ホテルでは、朝食付きと謳っていても、言わないと出てこない。フロントの兄ちゃんにモーニングコールを頼んだ日、俺が自力で起きたからいいものの、ヤツは時間になっても寝ていた。観光地に行けば、ガラの悪い黒人が「チーノ（中国人）」とバカにするように声をかけてくる。もちろんいい人もいるが、時間にルーズでズルいヤツも混ざっている。エクアドルにはこういう暗い部分もあると感じた。

経営者はルチャドール

プロレス1本で食えるのは一握りだと書いたが、副業（本業？）でそれなりに裕福な暮らしをしているヤツもいる。

ある日、仲良くなったエクアドルのレスラーが自宅に招いてくれた。彼の家で、お母さんお手製のエクアドル家庭料理をごちそうになっていると、彼が言った。

「俺、宿を経営してるんだ。日本人のお客さんもけっこうくるんだぜ！」

連れて行かれたところは、観光地であるキトの旧市街、しかも有名なサン・フランシスコ教会の横。ここにはバックパッカーに良く知られた宿「オスタル・スクレ（Hostal Sucre）」があるのだが、なんと彼はそこの経営者だったのだ。

「オスタル・スクレ」という有名な宿を経営しているグラディアドール

バックパック旅行の宿には必ずある「情報ノート」には、日本人の書き込みも。宿泊客も、まさかレスラーが経営しているとは思わないだろう。「サトーも泊まりなよ」と勧められた。プロモーターが取ってくれたホテルに泊まっていたのだが、こっちにすればよかったかな。

彼は「グラディアドール（Gladiador）」というレスラーで、キトで一番世話になった選手。ボディビルダーみたいなごつい体をしているが、親切で、エクアドル人だがゆっくりわかりやすいスペイン語で話してくれる。

エクアドルもメキシコも同じスペイン語だが、エクアドル人のスペイン語は「早すぎて何言ってるか分からない」とメキシコ人も言うほどだ。俺はなおさら分からない。そんな中でグラディアドールのようなコミュニケーションが取りやすいレスラーは、ありがたい存在だ。

エクアドルプロレスの明日を考える

ある日の夕方、宿にグラディアドールがやってきた。

「サトー、ちょっと付き合ってくれ」

車の中でどこに行くか聞くと、所属する団体WARの事務所だという。事務所の中には既に所属選手が12人ほど集まっていて、団体の代表を囲むように選手が集まり、なぜかその輪の中に俺も入ることになったようだ。早すぎるスペイン語に眠りそうになりながら、代表の一方的な講釈を1時間ほど聞いた。もちろん一言も分からない。

その帰り道、グラディアドールと食事に行った。場所はスール（sur）。観光客が行くセントロ（centro）やノルテ（norte）と違い、完全に地元民しか行かない場所で、安くておいしくてボリュームのある食事ができる。バックパッキングレスラーにはありがたい場所だ。

何かは分からないがうまい料理を食べながらミーティングの内容を訊ねると、前の大会の反省会だったようだ。「まだまだ練習が足りない」「合同練習にちゃんと出るように」「まだ体ができてないやつがいる」「どうやったらお客さんが増えるか考えてるか？」……。つまりは「WAR

の明日を考える会」だったのだ。もっといい加減なのかと思っていたが、ちゃんと選手を集めて団体のことを考えているのか。

エクアドル・WARの所属選手たち

エクアドル最終日は、この団体でプロレス教室を行った。ちょうどスペル・クレイジーもメキシコから参戦していたので、一緒にプロレス教室をやることにした。オーナー自らも参加したが、あまり難しいことはできないらしく、途中からフェードアウトしていた。最後に「ウチの団体、どうかな?」と聞かれたので、正直ダメだねというと、「うーん、そうか……」と微妙な顔をしていた。

この団体の選手は、プロとはいえ基本的なことができない選手も多い。常設の会場もあり、リングも状態の良いものを持っている。練習できる環境は整っているのに、もったいないな。

南米の団体に共通して言えるのは、練習環境はあっても、教える人がいないこと。先輩のレスラーが見よう見まねで覚えたことを新人に教えるだけで、基礎を教える人がいないのだ。

しかし彼らに向上心がないかというと、決してそんなことはない。真面目に練習するし、分からないことがあれば質問してくる。試合後も選手は集まってミーティングをしている。自分たちに何が足りないのかも、ある程度は分かっている。だからこそ、応援したくなるのだ。

各国でプロレス教室をしていつも思うのが、時間が足りないということ。2時間半や数日じゃなく、せめて半年時間をくれれば、そこそこのレベルには導くことができる。中には筋の良い選手もいるのに残念だ。しかし明日はエクアドルを発つ身。「頑張れ」としか言えない自分が歯がゆい。

プロレス教室の帰り、団体の代表にアルゼンチン焼き肉をごちそうになりながら、そんなことを考えた。明日は、チリに向かう。

WARで親友のスペル・クレイジーと再会

第六章　チリ編

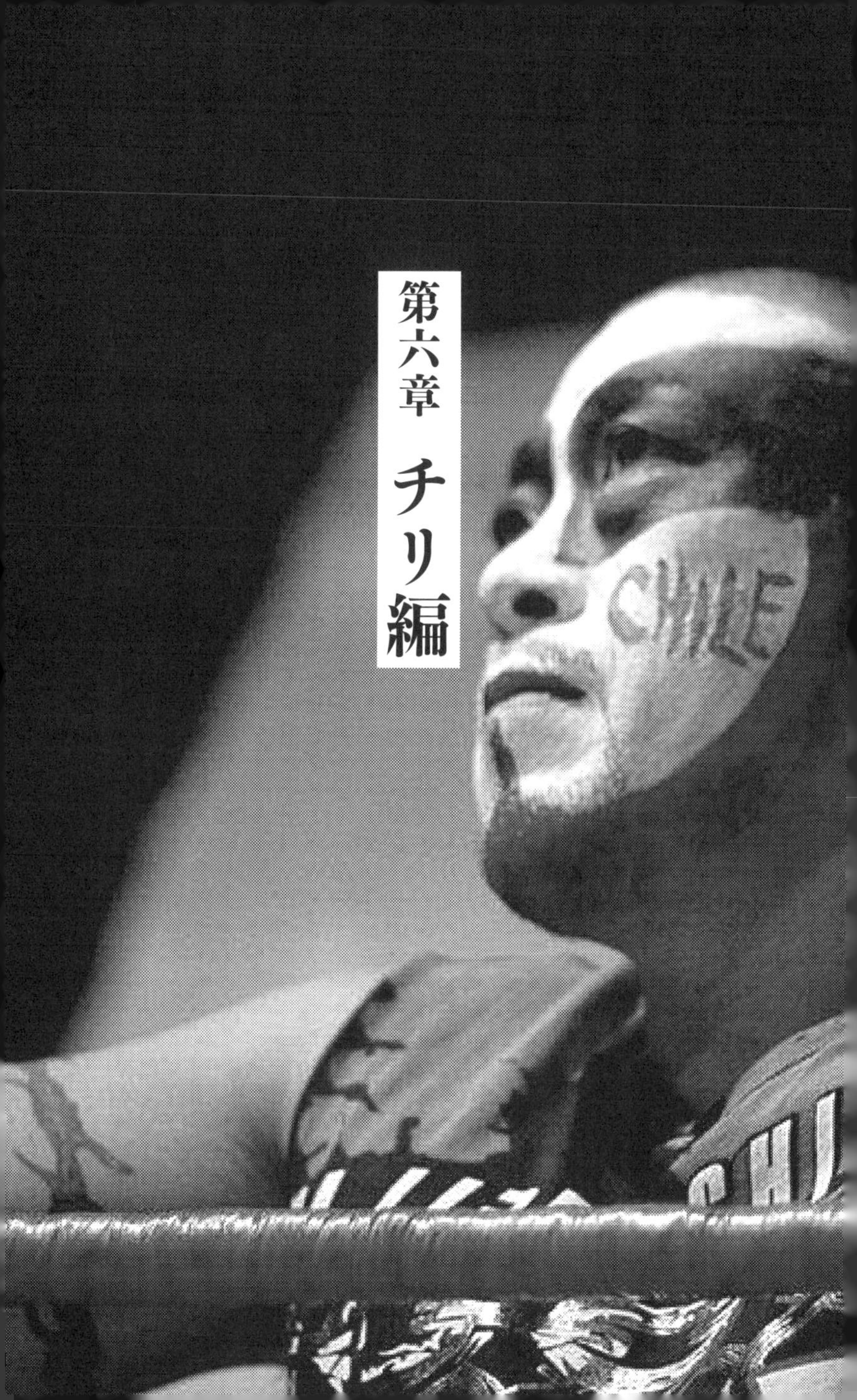

飛行機はアンデスを越え砂漠の真ん中に降り立った

２０１２年5月15日。朝9時10分にＬＡＮ航空でエクアドルのキトを出発し、途中リマで一度乗り換え、午後5時25分ほぼ定刻通りにチリの首都サンティアゴのアルトゥーロ・メリノ・ベニテス国際空港に着いた。エクアドルとチリでは1時間の時差があるので、時計を1時間進める。ついに17ヶ国目のチリに入国だ。

チリは南米で一番ルチャが盛んな国と言っていいだろう。聞くところによると、国内に7団体もあるそうだ。俺はそのうち4団体からオファーをもらっている。

手荷物引渡所で荷物を受け取るまでの間に、両替所でトラベラーズチェック２００ドル分を両替。９万１７０７ペソになる。なかなか出てこない荷物をピックアップし、空港の外に出た頃には、辺りはもう真っ暗だった。

空港から市内までは、移動手段が３つある。①タクシー、②トランスビップ（Transvip、乗り合いタクシー）、③バスだ。本当はバスが一番安いのだが、荷物が多いのでトランスビップで市内へ向かうことにした。

空港から町の中心地であるセントロまでの料金は、５５００ペソ。乗り合

▶サンティアゴ

いタクシーなので、行先が同じ方向の客が集まるまで出発しない。市内に行く他の客が6人乗ったところで、ようやく出発した。空港から市内まではけっこう距離があり、最初の人が降りた時点で30分かかっている。結局、一番最後の俺が降りた時点で1時間10分かかっていた。時間はかかるけど、ホテルの名前と住所を運転手に伝えればホテルの目の前まで行ってくれるし、荷物が多いときは楽チンだ。

ネットで見つけておいた宿にチェックインを済ませ、部屋に荷物だけ入れて、メシを食いに行くことに。今日は機内で出されたマフィンとサンドイッチしか食べていない。そりゃあもう腹ペコだ。ただ、夜8時を過ぎると、やってる店はあまりない。知らない土地であまりフラフラするのも良くないし、それより何でもいいから早く食べたい。というわけで、少々怪しい中華の店へ。とりあえずコーラで一人、入国を祝って乾杯する。

熱々のワンタンスープ、チキンとチャーハン。それなりにうまかったけど、これで4900ペソとは、空港からの乗り合いタクシーと大して変わらない。チリの物価は高いようだ……。

それにしても疲れた。飛行機に乗っているのは5時間くらいなものだが、朝5時起きだ。それに明日は朝イチで、サンティアゴの北にあるアントファガスタ（チリ北部最大の町）に行かなければならない。ちゃんと起きられますように！

5月16日。朝7時30分に起床。どんな朝食が付いているのか楽しみに早起きしたけれど大した物はなく、フルーツを少しだけ食べて、コーヒーを2杯。ようやく目が開いてきたので部屋に戻り、荷物をまとめてチェックアウトした。

市内から空港までは、またトランスビップで。昨日の夜のうちに宿の人にお願いして予約しておいた。フライト時間は昼の12時だが、トラブった場合のことも考え、3時間前の朝9時に頼んでおいた。10分前に宿に到着した車に、先客は1人だけ。今回は途中でもう1人おばちゃんが乗ってきただけだったので、車内はゆったり。ただ、おばちゃんの香水のニオイがきつくてグッタリだ。それを見たおばちゃんが優しい顔で「眠いの？」と言ってきた。あなたの香水がきつくてとはさすがに言えなかった。

空港まで1時間見ておいたが、40分で着いた。空港手前にあるトランスビップの会社に寄り、市内から空港までの料金５５００ペソを支払う。今回、利用した航空会社はスカイエアライン（SKY Airline）。早目にチェックインして、後はゲート近くのカフェでゆっくり過ごす。サンティアゴからアントファガスタまでは、2時間半の旅になる。飛行機は結局、1時間遅れて出発。１００人くらいしか乗れない小さな飛行機だが、客席はガラガラだ。

飛び立ってしばらくすると、飛行機の窓からアンデス山脈が見えてきた。その向こうには太平洋も見える。機内食として出されたサンドイッチを食べながら、その景色を楽しむ。サンドイッチの味は正直まあまあだったけど、窓から見える雄大なアンデス山脈の姿は、心が最高に満たされる景色だ。

チリのアントファンガスタ。空港の周りには乾いた砂漠が広がっていた。

ひたすら「すげー！」と窓からの景色を楽しんでいると、ずいぶんと低空飛行になってきた。変だなと思っていると、やっぱり着陸。ちょっと到着時間には早すぎない？ と思ったら、途中のラ・セレーナ（La Serena）という町だった。

チリ国内だけでなく隣国アルゼンチンからも、たくさんの観光客が訪れる町だそうだ。すごい人数が乗ってきて、あっという間に満席だ。飛行機は再び離陸し、午後3時30分、アントファガスタの空港に到着した。

空港の外には、乾いた大地が拡がっていた。広大さと過酷さで知られるアタカマ砂漠だ。

「すごい所にきちゃったな！」というのが、最初の感想。本当にこんなところにプロレスがあるのだろうか？

★2012年5月19日　ワールドツアー第25戦

旗揚げ初の外国人に張り切りすぎの代表

【団体】FULL【場所】アントファガスタ【会場】Estadio Green Cross
【試合】4対4のイリミネーションマッチ。ディック東郷&アルカンヘル&クラーケン&クロヴァックス組vsトロックス&コルト・シルキート&チコ・ドレーカー&アルコン・ゲレーロ組で戦い、最後に残ったトロックスがクロヴァックスにC4（スパニッシュフライ）を決めて勝利。

チリではまず2連戦。初日のアントファガスタの試合を終えたら、すぐに飛行機でサンティアゴに戻って試合をする予定だ。アントファガスタ空港には、今回まず世話になる団体FULL（Federación Universitaria de Lucha Libre）の代表を務めるトロックス（Trox）選手が迎えにきてくれていた。FULLは旗揚げ11年目に突入し、勢いが感じられる団体だ。

セントロ（町の中心地）まで行く途中、まずはアントファガスタの名所ラ・ポルターダ（la portada）に連れて行ってくれる。しきりに「ナトゥラル」と言う通り、自然にアーチ状になった岩がダイナミックな名所だ。その後30

▶アントファガスタ

アントファガスタ限定Ｔシャツが完成（左）、地元紙の一面に載る（右）

分ほどかけてセントロに到着し、用意してくれた宿にチェックイン。休む間もなく「さあ、行きましょう」と笑顔を輝かせた代表に再び連れ出される。

連れて行かれた先は、スポーツショップ。「10分でできあがるから」と言われて待っていると、アントファガスタ限定の俺Tシャツができあがっていた。試合当日に会場で売るらしく、FULLのロゴ入りだ。なんだかすごい気合いを感じる。翌日も朝から宿に迎えにこられ、3日後の試合に向けて新聞、テレビ、Web媒体の取材を立て続けに受ける。さらにテレビ局VLPに連れて行かれ、お昼の人気テレビ番組にも生出演。

話を聞くと、実はこの団体FULLにとって俺は旗揚げ以来、初めての外国人選手となるらしく、代表は気合いが入りまくっていたのだ。用意されていた大会ポスターにも、中心に俺の姿がデカデカと載ってい

FULLのポスター

る。街を歩くと、いろんなお店にポスターが貼られていた。ホテルの周りを歩いていると、「新聞に出てたでしょ！」と何人かに声をかけられた。ちょっと有名人になった気分。

そして迎えた当日。会場であるEstadio Green Crossの控室でリングシューズを履いていると、客席から「トーゴー！トーゴー！」という声が聞こえてきた。代表がわざわざ控室にきて「セニョール・トーゴー、お客さんがあなたを待ってますよ！」と一言。嬉しいね。俺も俄然、気合いが入る。

試合は「Lucha de Cuartetos en Pareja por Eliminacion」。チーム同士（4対4）のイリミネーションマッチ（※負けた選手から順番に退場し、最後に残った選手が勝者となる形式）だ。

今回も俺はもちろんルード。「Nacion Extrema」というチームで、メンバーは俺の他にアルカンヘル（Arkangel）、クラーケン（Kraken）、クロヴァックス（Crovax）の4人。相手チーム「Comando Aereo」は、トロックス代表、コルト・シルキート（Corto Circuito）、チコ・ドレイカー

(Chico Draker)、アルコン・ゲレーロ(Halcon Guerrero)の4人だ。
結果はゲレーロ→ドレイカー→クラーケン→シルキート→アルカンヘル→ディック東郷という順で退場し、最後に残ったのはトロックスとクロヴァックス。トロックスがC4(スパニッシュフライ)を決めて勝利!

試合後、レスラー、レフリー、お客さんまで拝み出した

試合後にはリング上に選手、スタッフが上がり、なぜか正座までして感謝を述べられる。会場にいるお客さんも、俺に最大級の感謝の気持ちを表現してくれた。入場時から「トーゴー! トーゴー!」と歓声が凄く、おそらくこの旅一番の歓声を浴びたし、プロレスをやってきて本当に良かったなと心から思った瞬間だった。

車で送ってもらう道すがら、トロックス代表に改めてお礼を言われる。

「今日はありがとうございました。あなたのおかげで会場が初めて満員になりました。今日をきっかけにこれからいろんな選手を呼んで、団体をもっと大きくしていきたいと思っています」

代表が心から今日の大会を喜んでくれているのが分かって、こっちも嬉しくなる。疲れもふっ飛ぶ最高の1日だった。

★2012年5月20日 ワールドツアー第26戦

試合後空港へ直行！　でも飛ばない飛行機

【団体】ＸＮＬ【場所】サンティアゴ【会場】Gimnacio Comercio Atletico Zenteno【試合】ディック東郷vsアリキ・トーアvsヘルスポーンによる３ＷＡＹマッチ（メイン）。アリキ・トーアがヘルスポーンにシャイニングウィザードを決めて勝利。

19日の夜、アントファガスタの試合を終えると、翌日の試合に向けてすぐに空港へ直行した。

試合の場所は、１３００キロ南にあるサンティアゴ。そこで出場するＸＮＬ（Xplosion Nacional de Lucha）は、チリで一番大きな団体だ。試合数もチリで一番多く、アメリカ、メキシコ、ペルー、日本などとも交流がある。お客さんのノリはアメリカのインディ団体に近く、かなり熱い。

この団体も俺の参戦で気合いが入っていて、2種類のポスターを作っている。サンティアゴの空港に着くのは、深夜2時頃の予定だ。体はキツくなりそうだが、ＦＵＬＬでは気持ちよく試合ができたことだし、サンティアゴに戻ってもう1試合ガンバろう！

時間がギリギリだったので急いでカウンターに向かうと、遠目に見ても明らかに客と係員が何やら揉めている。嫌な予感は的中。飛行機が明日の朝5時まで飛ばないそうだ。いくら文句を言ってもどうにもならないのは分かっているが、マジで勘弁して欲しい。

▶サンティアゴ

しょうがないので寒い空港ロビーで、ひたすら朝5時になるのを待つ。しかし、5時になっても6時になっても動きはない。結局、飛行機に乗れたのは朝7時30分。8時間も空港で待たされたことになる。空腹やら寒いやら眠いやらで、こりゃもう罰ゲームだよ。

結局サンティアゴに到着したのは、朝9時半だった。空港には出場予定のＸＮＬの代表が迎えにきてくれることになっていたが、これだけ遅れたらさすがにもういないだろうな……。

そう思っていたが、「トーゴー」という声が聞こえて振り向くと、ニッコリ笑っている背の高い男がいた。彼はＸＮＬの代表の1人、エミリオ。飛行機が遅れているのを知り、一度帰ってまた迎えにきてくれたようだ。ありがたい。まずは車で彼の家に行き、2〜3時間ほど仮眠を取る

代表のエミリオはリングでは悪の神父のキャラクター。ノアに参戦したこともある。

ことにした。夜の試合に備え、少しでも体力を回復しておかなければ。

　ＸＮＬには３人代表がいて、いろいろと面倒を見てくれているのがエミリオことガストン・マテオ（Gaston Mateo）選手だ。彼は日本のノアにも参戦経験がある。

　エミリオはお母さんと２人で住んでいて、体は大きいがかなりのママっ子のようだ。大会当日も家を出るときに「ワイシャツは入れた？ネクタイは？」なんてことをお母さんに言われていた。やっぱり代表だけあって、会場ではちゃんとした格好をするんだなと思っていたら、実は試合用のコスチュームだった。彼は「悪い神父」キャラなのだ。

　この日の俺の試合は、メインの「triple amenaza」。いわゆる３ＷＡＹマッチを、チリではこう呼ぶ。対戦相手のヘルスポーン（Hellspawn）選手は、前日に試合で行ったアントファガスタの出身。もともとＦＵＬＬにいたのだが上を目指してＸＮＬにやってきた選手で、ＦＵＬＬの選手たちにも「彼に会ったらよろしく！」と言われていた。ファイトスタイルはグレート・ムタ選手をかなり意識していて、毒霧も吹く。もうひとりの対戦相手アリキ・トーア（Ariki Toa）選手はイースター島出身の〝怪物〟で、かなり体の大きな選手だ。

試合前、エミリオに「この団体は飛び技より、チョップやエルボーをバシバシやった方が受けるよ」と言われたので、チョップをバシバシやった。最後はトーアがヘルスポーンにシャイニングウィザードを決めて勝利！　お客さんの反応も上々だ。

飛行機が大幅に遅れたときはヒヤヒヤしたが、無事にXNLの試合を終えることができた。この団体には2週間後にも出ることになっている。次回はどんなカードが組まれるか楽しみだ。

チリの不良マルコ

アントファガスタで出場した団体FULLでは、試合の前日にプロレス教室を行った。はじめに、いつも練習でやっていることを見せてもらった。いろんな国を周っていると、団体によって様々なスタイルがあるのだが、たいていさわりを見ただけで、個々の運動能力や普段どのくらい練習しているのかが分かる。この団体は、メキシカン・スタイルに統一していた。

スタイルを統一するのは大事なことだと思う。ペルーの団体がある程度のレベルにあったのは、団体代表のアポカリプシスがメキシコのスタイルに統一していたからだ。一方エクアドルでは、

WWEの影響からルチャとアメプロがごちゃ混ぜになっていて、結局どっち付かずだった。これは最悪なパターンだ。プロの目からすれば、ルチャとアメプロは全くの別物。もし両方のスタイルを一緒に覚えたいなら、両方をちゃんと知っている人に教わらないと、教わる側が混乱してしまう。

さて、今回プロレス教室をしたFULLの代表トロックスは自らメキシコに修行に行った人物で、ルチャリブレに関してはかなりの技術を持っていた。メキシコで誰に教わったか聞いたところ、ネグロ・ナバーロ、ウルティモ・ゲレーロ、エル・ソラールと言っていた。3人とも、ルチャ界の重鎮。レベルが高いのも納得だ。しかもメキシコ修行時代には、1日に3つのクラスに参加していたというから驚きだ。これがどんなにしんどいことか、メキシコで練習したことのある人なら分かるだろう。ハッキリ言って、かなりの努力家だ。

最近、メキシコでもチリ人レスラーをよく見かけるが、チリのプロレスが熱いのは、日本のようにメキシコに修行の場を見出したためじゃないだろうか。

さて、話を練習に戻そう。「良い機会なので日本のスタイルを教えて下さい」という代表の求めで、基本的なことをやらせてみたのだが、みんな飲み込みが早い。「日本のスタイルは初めて」と言っていたが、2回ほどやるとそれなりの形になった。一つのスタイルを確立している人は、とても勘がいい。代表がメキシコで学んできたことを、新しく入った選手たちにもしっかり教えているようだ。

練習後の記念撮影でも仏頂面の不良少年マルコ。上段右から２番目。

熱血な代表は時間を忘れて練習に没頭しており、とても止められず、時計を見ると夜の10時を過ぎていた。午後6時から始めたので、4時間以上も教えていたことになる。昼にチキンを食べてから何も口にしていない俺が「さすがにおなかがすいた！」と代表に言うと、「すみません！」と、すぐに食事に連れて行ってくれた。

食事をしながら、団体の課題についてちょっと話した。この団体の課題は「体作り」だ。選手の中には誰一人、ウエイトトレーニングの知識を持っている人がいなかった。というのも、チリには基本的にジムが少ない。あっても値段が高くて通えないという事情があるようだ。しかしそこさえクリアできれば、彼ほどの理念があるのだ。きっとこの団体もさらに飛躍することだろう。

この団体には17歳のレスラーがいる。名前はマルコ。17歳だが既に結婚していて、学校には通っていない。反抗期なのかどうか分からないが、いつも不機嫌そうな顔をしている。日本でいう「不良」だ。

代表のトロックスも、彼にはとにかく手を焼いていた。まず、試合が近いのに練習にもこない。これが日本なら「もうこなくていいよ」でおしまいだが、トロックスは辛抱強く待っている。きっと有望株なんだろう。「まだ線は細いけど、きっと良い選手になる」と期待をかけている。

その不良が、俺のプロレス教室に姿を現した。それを見たトロックスは、「インクレイーブレ(信じられない)」と一言。ただ、きたはいいけど、挨拶もなければニコリともしない。勝手に練習に参加している。

「こいつが例の不良か」と思いながら練習を見ていたが、意外と筋はいいようだ。しかし気が短いのか、練習中に相手が失敗するとすぐケンカしようとするのを、たびたび力ずくで引き離す。プロレスは嫌いじゃないようで、態度は悪いが説明はちゃんと聞いている。ずっとふてくされた顔をしていたが、良かったところを褒めたとき、一瞬ニヤけたのを俺は見逃さなかった。すぐふてくされた顔に戻ったけど。

練習が終わって、最後の記念撮影をしようというときも「俺はいいよ」と言って入ろうとしない。代表がやさしく「入ろうよマルコ」と言って無理矢理手を引いて写真におさめた。後で見たら、一人だけ仏頂面で写っていた。

本名はマルコだが、リングネームはコルト・シルキートというマスクマンだ。プロレス教室の翌日の大会では、対戦相手にマルコが入っていた。代表が彼の将来を見据え、メインのカードに入れたのだろう。試合中、何度か絡む機会があったが、試合度胸も大したものだった。

マルコも笑うと良い顔

試合が終わり着替え終わって、さあ空港に行こうというとき。そのマルコが「グラシアス、マエストロ（ありがとう、先生）」と言いにきた。俺もビックリしたけど、近くにいた代表がもっとビックリしていた。そして、「いつか試合で日本に行くよ」と。

そのとき、マルコが初めて笑った。嬉しかったな。ちゃんと素敵な笑顔を持っているじゃないか。

南米でプロレスラーになる道は険しい。団体が多いとはいえ規模も小さく、練習環境を整えるのも大変だ。プロになったとしても、行き場がなかなかないのが現実だから。でも、彼はまだ17歳。いつか日本にくることを楽しみにしているよ。

どしゃ降りの会場で…

★2012年5月26日　ワールドツアー第27戦

【団体】MAXルチャリブレ【場所】ランカグア【会場】Gim.Refractario caletones
【試合】アグレソールとシングルマッチ。試合中にソラール・サンチェス、ノクトゥルノの2人が乱入し、ノーコンテスト。急遽、タッグマッチに。ダイビングセントーンをソラール・サンチェスに決めて勝利。

5月25日午後5時10分、バスは定刻通りにサンティアゴを出発した。向かうはランカグア。サンティアゴから南へ87キロの位置にある小さな町で、1時間くらいで着くと聞いていたが、雨のせいか2時間かかった。

バスターミナルには出場する団体MAXルチャリブレ（Max Lucha Libre）の代表アグレソール（Agressor）が迎えにきていた。彼の車に乗り、そのまま選手が待つ道場へ直行。今日はこの団体で、プロレス教室があるのだ。そ

ランカグア

して翌日は大会参戦もする。実はここにくるまでには紆余曲折があった。

この団体からオファーがあったのは、エクアドル滞在中のある日。代表のアグレソールという選手はすごく謙虚な人で、最初はこんな内容のメールをもらった。

「今度、チリにいらっしゃるそうですね。うちの団体でも試合してほしいのですが、うちの団体はまだそこまでのレベルにありません。練習だけ見ていただくことはできますか？」

スケジュールさえ合えば試合もするつもりで日程を訊ねたところ、5月26日だという。残念ながらその日は既にＧＬＬという団体からオファーが入っていたので、試合は断り、プロレス教室だけの予定だった。しかし、1週間ほど前にＧＬＬの代表から「会場が取れなかったので、大会ができません」という連絡があった。大会が近いのに宣伝をしないのはおかしいなと感じてはいたが、そもそも試合ができないのはもっと前から分かっていたのでは……という思いはさておき、すぐにアグレソール代表に連絡を入れた。

根は謙虚なアグレソール（彼の instagram より）

「5月26日、試合ができることになりました」

　彼はすごく喜び、3日後の試合に出場が決まったというわけだ。

　またしても俺は団体初の外国人選手ということで、代表は気合いが入りまくり。ポスターを制作し、宣伝活動もすぐに始まった。

　てっきりラジオ番組だと思って行ったところインターネット中継で、チリ、メキシコ、ブラジルなどに配信されたようだ。番組のホストにたくさん質問をされた。かなり力の入った番組だったようで、この日の配信のために「5月24日木曜日、夜9時30分！〝ジャパニーズ・レジェンド〟ディック東郷がゲストで登場！」みたいなポスターまで作っていた。

代表のアグレソールとのシングルマッチは、タッグマッチに変更

　試合当日は雨。水捌けの悪いランカグアの道路は、川のように水かさが増していた。代表のアグレソールが空を見上げ、ポツリと言った。

「マラ・スエルテ（運が悪い）」

ただでさえ観客動員が難しいランカグアでは、天候が観客の入りを大きく左右するのだ。

この日は、代表のアグレソールとのシングルマッチ。しかし試合中にソラール・サンチェス（Solar Sanchez）、ノクトゥルノ（Nocturno）の2人が乱入し、ノーコンテストに。「そんなに、やりたいならタッグマッチで勝負だ！」とアグレソールがお客さんに同意を求め、急遽タッグマッチに変更。最後はアグレソールがサンチェスに怒りのF5（ブロック・レスナーのオリジナル技）。すかさず俺がペディグリーからのダイビングセントーンを決めて勝利！


あいにくの天気でお客さんは少なかったが、とてもアットホームな団体だった。

日本語応援ボードを書いてくれた熱狂的なファン

　客席の子どもが持っていた応援ボードを見ると「DICK TOGO」という文字に加え、日本語で「ディック東郷、ランカグアへようこそ」と書いてあった。子供らしいかわいい文字を見て、ランカグアにきて本当に良かったと思った。

★2012年5月27日　ワールドツアー第28戦

地震という名の酒

【団体】ＣＬＬ【場所】サンティアゴ【会場】Rojas Magallanes【試合】ディック東郷vsバニーvsバホ・セロvsグルカの4WAYマッチ。バニーをダイビングセントーンで仕留め勝利。

ランカグアで試合した翌日はバスでサンティアゴに戻り、ＣＬＬ（Chile Lucha Libre）という団体の興行に出場した。試合は4ＷＡＹマッチ。対戦相手の1人、バニー（Bunny）選手はＣＬＬの代表で、パッと見「運動神経ないだろ！」という感じだが、器用に飛ぶ身軽な選手だ。人を見た目で判断してはいけない……。銀のマスクを被ったバホ・セロ（Bajo Cero）選手は空中殺法の達人。グルカ（Ghurka）選手は青いロビンマスクのようなマスクを被っていて、おそらく120キロくらい体重があるけど、動きは俊敏でスタミナもある。近い将来、大化けしそうな俺のイチオシ選手だ。

最後は俺がバニー選手をペディグリーからのダイビングセントーンで仕留めて勝利！　終始、お客さんがワーワーと賑やかだった。チリはどの団体もレベルが高く、お客さんも熱くて、試合していて楽しい！

グルカ選手に逆水平。チリは選手のレベルが高く、お客さんも熱かった。

試合の数日後、代表のバニー選手がディナーに招待してくれた。向かった先はシーフードが食べられるメルカード（市場）。そこでソパ・デ・マリスコス（魚介のスープ）のDX版、「クラント」という料理をご馳走になった。エビ、貝、サーモン、イカ、タコなどの魚介類の他に豚肉と鶏肉まで入った超ボリュームたっぷりのスープで、味も最高だった。

食後、CLLの選手やレフリーが、それぞれ奥さんを連れて合流。チリは常に奥さんが一緒なんだな。

代表が「よし、今からテレモトを飲みに行こう」と歩き出した。

▶サンティアゴ

テレモト（地震の意味）というお酒を飲む

入ったのは大衆酒場みたいなところで、早速「テレモト」を注文。白ワインの上にアイスが乗っていて、これをかき混ぜて甘くして飲むようだ。「テレモト」とはスペイン語で「地震」という意味。まさに地震大国チリの自虐的なネーミングだ。「これを飲んだら、地震が起きたみたいに目が回るんだ！」と代表が言う通り、1杯飲み終えてトイレへ行こうとしたら、本当に地震が起きたかのような感覚だった。

みんなと飲んでいると、どこからともなくギターを持った流しのマリアッチが出現。酔っぱらっているものだからみんな歌い出し、最後には他のテーブルのお客さんも一緒になって熱唱。マリアッチのおっさんは気を良くしたのか、調子に乗って4曲も歌っていった。

チリ人はよく喋り、よく笑う。そして、外からきた人にとても親切だ。代表は日曜日の試合を物凄く気に入ってくれたようで、こっちが恥ずかしくなるくらいお礼を言われたし、ほかの選手からも「本当にうちの団体に出てくれてありがとう！」と何度も言われた。まぁ、酔っぱらってるのもあるんだけど。

話を聞いてると、この団体でも俺が一番最初の外国人選手だったようだ。いつもみんなで集まっては「いつか、うちの団体も外国人選手を呼びたいね」なんて夢を語っていたら、日本からひょっこり俺がやってきたというわけ。確かに、ふらりとチリにやってくるプロレスラーなんて、そうはいないだろうな。大会が終わった日の夜は選手もスタッフもみんな、興奮して寝られなかったそうだ。お礼の言葉を期待して旅してるわけじゃないけど、実際そう言ってもらえると嬉しい。本当に楽しい時間を過ごした。

日本語が達者なチリ人レスラー

MAXルチャリブレでも、プロレス教室を行った。

ここの選手はみんな仕事を持っているので、練習は夜の8時から始まる。

雨のランカグアはとにかく寒く、とくに道場の中は冷える。

まずは体を温めるためにスクワット、プッシュアップ、マット運動をいつもより多目に。大した数はやってないが、スクワット、プッシュアップが苦手な選手が多い。普段やっていないのがすぐ分かる。

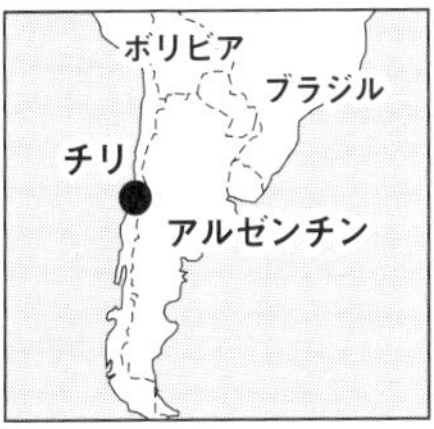

▶ランカグア

体力面は今後の課題として、時間に限りがあるので、受け身と基本技の練習に進む。アグレソール代表は「うちはかなりレベルが低いので……」と言っていたが、体力面はさておき、練習を見た限りそんなこともない。

彼らには教える人がいない。だから選手が教材代わりにしているのは、試合の映像だ。テレビで見るWWEだったり、YouTubeで見る日本、アメリカ、メキシコの試合だったり、いろんな試合を見て研究している。そのぶん、頭の中にイメージがちゃんとできているのだ。

実はこの「イメージ」はすごく大事で、イメージできていない人にいくら説明しても、なかなか理解してもらえない。その点この団体の選手たちは、見よう見まねなので細かい所が分からなかっただけで、イメージはできている。だから、コツを教えてあげるとちゃんとできるのだ。

また、この団体はアントファガスタのFULLと友好関係にあり、定期的に選手たちが練習に出向いている。FULL代表のトロックス選手は、前述した通り、かなりしっかりしたルチャの技術を持っているので、その指導を受けに行っているのだ。

最後に「パンチ、チョップ、ストンピングなどの打撃を教えて下さい！」と言われ、指導する。確かに打撃はプロレスで大事な技のひとつ。打撃ひとつ見れば、素人かプロかは一目瞭然で分かるのだ。選手たちはみんな練習熱心で、あっという間の2時間半。練習が終わった頃には、みんな胸や首の周りが真っ赤になっていた。

この団体には、日本語が達者なワンチューロ（Guanchulo、現：ディエゴ）という選手がいる。日本のアニメやマンガが大好きで、大学で日本語を学んでいるそうだ。

日本オタクのレスラー、ワンチューロ（右）

練習後、彼に今日の宿泊先を聞いたら「トーゴーさん、うちの団体はお金がないのでホテルに泊めてあげられません。ごめんなさい。今日は私の叔母さんの家に泊まって下さい」と日本語で言われた。

というわけで、この日は彼の叔母さんの家に泊まることになった。場所はランカグアからちょっと離れたマチャリという小さな村。耳をすませば川が流れる音が聞こえてくるような、静かな村だ。部屋に荷物を置き、一息ついていると、ワンチューロがきて言った。

「トーゴーさん、ちょっときて下さい」

ついて行った先には、山盛りの肉！　釜で焼いたチリ伝統の肉料理が用意されていた。やった！　練習に参加した選手も合流し、みんなでホームパーティに突入する。

チリ人はとっても話好きで、放っておくとずっと喋っている。日本のプロレスにも興味津々でいろんな質問もされ、チリのビールや美味しいワインを飲みながらの楽しい時間だった。ふと時計を見たら午前2時。明日、試合だからと解散し、ワインが回って自分はそのまま眠りについた。

翌朝はニワトリの鳴く声で目が覚めた。あいにく朝から激しい雨。晴れていたら雪に覆われたアンデス山脈が見られたのに……とテンションが下がっていると、ワンチューロがきて言った。

「トーゴーさん、お風呂に入りますか？」

えっ、風呂あるの⁉　久しぶりの風呂に、下がっていたテンションがぐんぐん上がる。彼の叔母さんの家では、お風呂は毎日薪で沸かしている。久しぶりに湯船につかり、極楽気分の朝風呂を堪能。ホテルに泊まるより、よっぽど幸せな滞在になった。

ＭＡＸルチャリブレの〝ＷＥＯＮ〟

ＭＡＸルチャリブレの選手は陽気なヤツらが多く、おまけに親切。試合のない日に、サンタ・ルシアの丘（Cerro Santa Lucia）に連れて行ってくれた。頂上からはサンティアゴの町や周辺を一望できる。

サンティアゴに住んでいながら初めて登るのが2人ほどいて、俺より張り切っているWEON（ウェオン。チリの俗語で〝バカな友だち〟という意味）。丘の上に着いてもはしゃぎっぱなしだ。コインを入れる望遠鏡を前にして、ワンチューロとセバスチャン（試合ではペイントレスラー）が夫婦漫才のようなやりとりをしている。「ほら、あの白いのが僕のマンションだよ。素敵だなあ」「早く替われよ！　おい、見えないけど」「時間切れでーす」

「モテ・コン・ウエシージョは飲んだことありますか？」と、ワンチューロが買ってきてくれた飲み物を飲む。チリの国民的ドリンクだそうで、桃の缶詰のシロップにウエシージョ（干した桃）とモテ（大麦）が入っている。冷たくて甘くて、いかにもチリ人が好きそうな味で、正直、俺もキライじゃない。

この後、MAXルチャリブレの愉快な仲間たちとファーストフードでエンパナーダ（いろんな具が入った揚げパン）を食べたり、マニ（揚げピーナッツ）を食べ歩きしたり、地元の人が行く酒場でテレモトやワインを飲んだりして、ホテルに帰ったのは夜中の12時。楽しくて、珍しくたくさん酒を飲んだ。おかげでチリの日常を楽しめたよ。Gracias WEON!!

チリ人は陽気な一方で、案外真面目なところもある。先週FULLの試合会場に忘れたバンダナが、宿に届けられた。代表のトロックスがわざわざ送ってくれたのだ。これがメキシコなら絶対に戻ってこないだろうし、チリの人は真面目だなあと感心した。

チリはデブ大国!?

チリ人が好きなもの。それは「コンプレート」と呼ばれるホットドッグ。チリにきたらいろんな人に「もうコンプレートは食べた?」と聞かれる。アグレソールにも同じことを聞かれ、「いや、まだ食べてないよ」と言うと「チリにきたら、食べなきゃダメだよ!」と強引に連れて行かれた。

コンプレートというのは、パンにソーセージを挟み具材をちょこっと乗せて、その上にパルタ（アボカド）をこってり、マヨネーズをたっぷり、さらにその上にマスタードやケチャップを好みでかけて仕上げる。こんなの毎日食べたらデブまっしぐらだよ。だからチリ人は太っている人が多いのかと、納得してしまう。

でもチリ人はこれが大好き。アグレソールは自慢気に「俺はいつだってコレを食べてるのさ!ガハハハハハ」と豪快に笑うけど、いや、笑ってる場合じゃないよ。レスラーなんだから、少しは体のことを考えなさい！　自分はアボカドは許せても、さすがにマヨネーズは許せない。断固、拒否させてもらった。

コンプレートに限らず、チリにはデブになりそうな食べ物が多い。このごろ野菜不足だなと思って野菜ジュースを買おうとしたのだが、いくら探しても見つからない。店員に聞いたら「ないよ」の一言。大型スーパーなのに、野菜ジュースも売ってないのか。甘いフルーツジュースはたくさんあるんだけど、そりゃ、みんな太るわけだ。

代表のアグレソール（左）、ワンチューロ（右）とコンプレートを食す

あるチリ人レスラーは、こんな話をしていた。

「チリ人は運動が嫌いなんだ。休みの日にわざわざ運動なんてしないよ。見てみな、ジムなんて見当たらないだろ」

確かにチリにきてジムを見たことがない。また、チリ料理にはシーフードのイメージもあり、ヘルシーな食事があるのではないかと思っていたが……。

「チリ人は普段ほとんどマリスコス（シーフード）は食べないよ。食べるのは肉さ！　フルーツもたくさんあるけどあまり食べない。食べるのはドゥルセ（甘いもの）かコンプレートさ！」

なんだかチリ人のイメージが壊れていくなあ。

ただ、チリはワインが美味しい。いつだったか、老夫婦がやっている古いバーでランチを食べたときのこと。メニューはあったがよく分からなかったので「適当に出して」と言うと、サラダ、パン、豆とパスタが入ったスープが出てきて、さらに「旅行かい？　チリにきたらワインを飲まなきゃ！」と、ワインを1杯サービスしてくれた。たぶん普通のワインだけど「おおっ」と驚く美味さだった。出場した団体からもらった高そうなワインも美味しかったけど、1本350円ぐらいのスーパーのワインだって、とても美味しい。

★2012年6月3日　ワールドツアー第29戦

チリ最後の戦い

【団体】XNL【場所】サンティアゴ【会場】Gimnacio Comercio Athletico
【試合】グレート・チリ（ディック東郷）&ヘルスポーン組vs XL&リミテ組と対戦（メインイベント）。場外からリミテにグリーンミスト噴射→ヘルスポーンがリミテにエメラルドフロウジョンを決めて勝利。

2012年6月3日。XNLに2度目の出場。そしてこれが、チリ最後の戦いだ。
メインイベントでディック東郷、ヘルスポーン（Hellspawn）組vs XL、リミテ（Limite）組のタッグマッチ。パートナーのヘルスポーンは前回対戦した相手で、グレート・ムタをオマージュし、ペイントを施しているレスラーだ。

チリに敬意を表してグレート・チリに変身。試合ではパートナーのヘルスポーンとダブルの毒霧を披露した。

この日はチリ最後の試合だし、特別なことをしようと考えていた。

チリは自分にとって本当にグレートな国だった。だから敬意を表して、この日はディック東郷ではなく、「グレート・チリ（Great Chile）」で戦うことにした。プロレスラーになって初めてのペイントは、イラストが得意なヘルスポーンに頼んだ。

試合は終盤、相手チームの場外ダイブを喰らってからやや劣勢になったものの、ヘルスポーンのピンチを俺が場外からリミテに毒霧噴射でアシスト。すぐにヘルスポーンがリミテにエメラルドフロウジョンを決めて勝利！ チリ

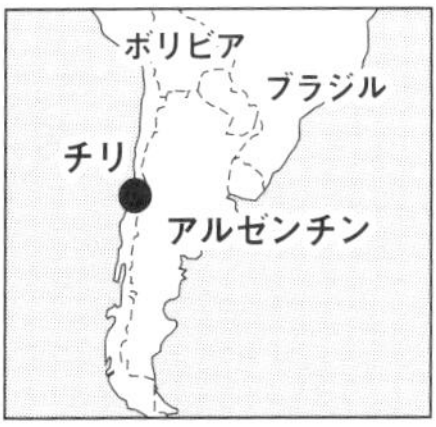

▶サンティアゴ

最後の戦いを勝利で飾った。

チリは本当に楽しかった。ほとんどサンティアゴにいたので観光はあまりできなかったが、その分、プロレス教室や試合が多く、充実した毎日を過ごせた。やはり、プロレスラーは試合してなんぼ。試合が多いほど充実感で満たされるようにできているようだ。

＊　＊　＊　＊　＊

「ディック東郷、アルゼンチンにくるなら俺と戦え！」

アルゼンチンのヒップホップマン（Hip Hop Man）から挑戦状が届いた。彼とは２００８年４月にアルゼンチンで一度試合をしていて、そのときは自分が勝っている。彼としては、負けたまま引退させるわけにはイカンということだろう。

「いいだろう。それでいつ、どこで？」

「6月5日、場所は俺が用意した。くれば分かる」

「えっ、それだけ……」

ということで6月5日、ヒップホップマンとのリマッチが決定！　っていうか明日じゃん。場所も良くわかってないけど、行けば分かるさ！

第七章　アルゼンチン編

ゲバラの母国アルゼンチンに入国

２０１２年６月５日。朝７時、チリのサンティアゴのホテルをチェックアウトした。アルゼンチンへの旅立ちの日だ。

前日、ホテルのフロントにトランスビップの予約を頼んだが、タイムスケジュールがあって、その時間は回っていないと言われた。しょうがないので、タクシーで空港へ。１万５０００ペソ（約30ドル）もかかった。早朝で道が空いていることもあり、レーサー気取りの運転手はガンガン飛ばし、10分で空港に到着。これは最短記録である。出国もスムーズに進み、いよいよアルゼンチンの首都ブエノスアイレスへ向かう。

サンティアゴからブエノスアイレスまでは、飛行機で約2時間。昼12時にブエノスアイレスのエセイサ空港に到着した。アルゼンチンの入国はメチャメチャ簡単で、入国カードの記入もなかった。

記念すべきデビュー21周年を迎えるこの日、ついに俺は敬愛するゲバラの母国であるアルゼンチンに入国を果たしたのだ。

★2012年6月5日 ワールドツアー第30戦

八角形のリングで因縁の対決

【団体】100% LUCHA SOLIDARIO【場所】サン・フスト【会場】Club30 de Octubre
【試合】ヒップホップマンとシングルマッチ（メインイベント）。後頭部へのダイビングギロチンドロップで負け。

空港には、前日に挑戦状を叩きつけてきたヒップホップマン本人が、親切にも迎えにきてくれていた。

しかし、乗ってきた車がボロい。ボロいというか、ヒドい。塗装は剥がれバンパーは凹み、窓ガラスはガムテープで補修してある。サイドミラーも1個しかないし、もうガタガタだ。

きっと俺が「この車、本当に走るの？」と不安な顔をしていたんだろう。それを察したヒップホップマンが「ごめん、俺の車は今故障していて、この車は友だちのなんだ。でも、ちゃんと走るから心配ないよ」と、安心させるように優しく言った。うん、確かに走った。信号で停まる度にエンストした

▶ブエノスアイレス

けどね。

試合会場に行くのはまだ早いということで、一旦ヒップホップマンの家に寄る。彼はゴンザレス・カタンという町にアパートを借りて、一人暮らしをしている。1LDKぐらいの庶民的なアパートだ。昼食がまだだった俺のためにパスタを茹でてくれ、一緒に食事したあと、「試合開始は午後7時だから、6時まで休んでていいよ」と言い、彼は俺を残して大会の準備に行ってしまった。

ヒップホップマンの部屋には暖房器具がない。ちなみにこの日のアルゼンチンの気温は5度以下。部屋の中にいるのに息が真っ白で、鼻の頭が冷たい。夜はもっと寒いはずだ。でも今日はここに泊まることになっている。耐えるしかない……！

思えばちょうど1年前のこの日は、サスケさんとシングルマッチをした。試合後は、デルフィンさんと3人で手を上げていたっけ。たった1年前の出来事なのに懐かしく感じるのはなぜだろう。旅の疲れかな。

今年の相手はヒップホップマン。彼とは4年ぶりの再戦になる。ヒップホップマンは初めて戦った南米の選手だ。彼がいなかったら、ワールドツアーをすることも、最後はボリビアで引退という発想も生まれなかったかもしれない。そんな彼が、俺のデビュー21周年の対戦相手になった。これも運命なのだろうか。

【左】心優しきヒップホップマン【右】迎えにくるときに乗ってきた車

ヒップホップマンの自宅から会場があるサン・フストという町まで、車で30分。会場に着いたのは6時30分で、既に開場していてお客さんが中に入っていた。今回はどんな大会なのかと訊ねる俺に、彼は言った。

「恵まれないアルゼンチンの子供たちを援助する大会だ。そして、お前と再戦するための大会さ」

カッコイイじゃないか。お客さんには入場料の代わりに服や食料、おもちゃなどを持ってきてもらい、集まった物は後日、選手たちが孤児院などを訪問するときに一緒に届けられるのだ。素晴らしい大会だ。

ヒップホップマンはプロレススクールもやっていて、今日の大会に出場するのは、ほとんどが彼の生徒たちだ。一番若いのは7歳で、彼と同じようなヒップホップのポーズを決めている。

この日は会場入りが遅くなり、リングコンディションをチェックできなかったので、遠くからこっそりリング

何もかも勝手が違った、人生初の八角形リング

をチェックする。……ん？　四角じゃない!?　なんとこの日使われるのは、八角形のリングだった。なおさら、チェックできなかったことを後悔する。

試合は全部で11試合。俺はメインイベントに登場だ。リングが八角形だったのもビックリだが、入場してからさらにビックリしたことがいくつかある。まずエプロンがない。リングが狭い。そして、マットが異常に硬い。プロレス用のリングのロープではなく普通のロープなので、ロープワークも困難だ。加えてリングのバランスが悪すぎて、コーナーに立つのが難しい。これでは自分の得意技がどれも出せないじゃないか……。

予感は的中し、試合では、コーナーに登れないと出せないダイビングセントーンはおろか、エプロンがないのでシルバー・ブレットも出せない。ならばとクロスフェイスを出すも、リングが狭すぎてすぐにロープブレークされてしまう。ハッキリ言って、何もできない……。それに比べてヒップ

ビセンテ・ビローニと再会

ホップマンは慣れたもので、コーナーからのミサイルキックやら、クロスボディやら、やりたい放題。最後は硬いマットにトルネードDDTを喰らい、しびれて動けないところに、後頭部へのダイビングギロチンドロップでとどめを刺された。ヒップホップマンの勝利だ。

2008年にやったときは俺が勝ったので、これで1勝1敗。機会があれば、もう一回やりたいね。今度は四角いリングで！　ただ、負けはしたけど良い大会だった。お客さんも500人以上は入っていたんじゃないかな。会場にはわざわざビセンテ・ビローニ（Vicente Viloni）選手が会いにきてくれた。彼は俺も出たことがある『100%LUCHA』（アルゼンチンにあったプロレス番組）のスター。機会があれば、彼とも再戦したい。

アルゼンチンのプロレス番組

滞在中のある日、ブエノスアイレスでプロレス・スクールを経営しているハビ・ゲレーロ（Javi

プロレス・スクールを経営するハビ・ゲレーロと

Guerrero）選手の生徒たちを教えてきた。先生のハビ・ゲレーロとは、２００８年にアルゼンチンを訪れたときに『100%LUCHA』というプロレス番組で知り合った。

『100%LUCHA』は、アルゼンチンのＴＥＬＦＥ局で放送されていたプロレス番組だ。２００８年に俺が初めてアルゼンチンで試合をしたのも、この番組だった。当時、あわよくば試合できればいいなと思いつつ、何の当てもなくアルゼンチンにきた俺は、プロレス団体を探すも見つけられず途方にくれていた。そのとき、たまたまテレビで見たのがこのプロレス番組。そこでさっそく、そのテレビ局にタクシーで乗り付けた。そして出てきたプロデューサーに自分がプロレスラーだと伝え、試合をさせてくれと頼んだのだ。「まずは練習にきてほしい」と言われて行ったところ、「コイツ……なかなかやるな！」と信頼を勝ち取り、なんと急遽タイトルマッチを組まれることに。その試合に勝利した俺は、初の外国人王者になってしまったのだ。ちなみにそのと

ハビのプロレス教室で教える（左）、講習終了後には今日だけの卒業証書を配った（右）

きの相手が、前述のビセンテ・ビローニだ。

その思い出深い『100%LUCHA』は、2010年で打ち切りになっていた。プロデューサーとは連絡を取り続けていたので、打ち切りの話は旅に出る前から聞いていたが、その一方で「またできればいいんだけど」とも言っていたので、復活を少し期待していた。しかし、どうやら自分の旅の間に復活はなさそうだ。

ハビ・ゲレーロは当時、「カラ・デ・マスカラ」という『オペラ座の怪人』をモチーフにしたマスクマンだったが、今は素顔で戦っている。このプロレス・スクールは、『100%LUCHA』の放送が打ち切りになってから始めたそうだ。

ハビはリングを持っていないので、プロレス教室はいつもジムのエアロビをするスペースを借り、そこにマットを敷いて練習している。練習は毎週土曜日の夕方5時から。始めた頃は生徒が2人しかいなかったのが、今では20人ほどに増えている。

それにしても海外では、プロレスを始める年齢が早い。今日、

マテ茶。アルゼンチンでは仲間で回し飲みする。

練習した生徒の中で一番若いのは13歳だった。そんな生徒たちの体では、この薄いマットで後ろ受身の練習をするのは危険だと判断。なるべく後ろ受身を取らなくていい練習内容に変えた。まだみんな練習期間が短いので、変な癖がなくて教えやすかった。ビデオカメラで撮影していたので、俺がいなくなっても大丈夫だろう。

この日は参加した生徒たち全員に、俺とハビ・ゲレーロ先生の名前が入った「今日だけの卒業証書」が配られた。みんな嬉しそうだった。

アルゼンチン滞在中、ハビとは頻繁に顔を合わせていて、家にも招待してくれた。奥さんお手製のパリージャ（炭火で焼くアルゼンチンの肉料理）をご馳走になったり、マテ茶（南米でよく飲まれるハーブティー）を飲んだりと、リアルなアルゼンチンを堪能した。帰りには、アルゼンチンの伝説のマスクマン「カバジェロ・ロホ」のマスクまでおみやげに頂いた。グラシアス、ハビ・ゲレーロ！

ハビから聞いた話で面白かったのは、アルゼンチンの人はＷＷＥに関心がないということ。ペルー、エクアドル、チリでは、地元のプロレスは知らなくてもＷＷＥなら知っているという人がたくさんいた。ＷＷＥがくれば大きなスタジアムが満員になるし、町にはＷＷＥグッズを売ってる店もたくさんある。しかし、アルゼンチンではＷＷＥ関連のグッズを一切見ない。ずいぶん前にＷＷＥのテレビ放送はあったものの、そのときは『100%LUCHA』の方が圧倒的に人気があり、視聴率が取れなくて撤退したという。２０１１年、ＴＮＡ（アメリカの人気団体）がアルゼンチンで興行をしたときも、客席はガラガラだったそうだ。

これはもう国民性だと思う。プロレスが嫌いというより、アメリカ人のやることに興味がないといった感じ。『100%LUCHA』が復活しさえすれば、アルゼンチンの人たちはまたプロレスを見始めるんじゃないかな。

団体はないのにレスラーは多いアルゼンチン

チェ・ゲバラの「チェ」はアルゼンチン人が親しい人を呼ぶときに使う言葉で、「ねぇ、君」といった意味で使われる。その「チェ」が、ゲバラの口癖だったため、キューバ人が面白がってあだ名にしたのだそうだ。アルゼンチンにきてから、街中や地下鉄、レストランなど、あちこち

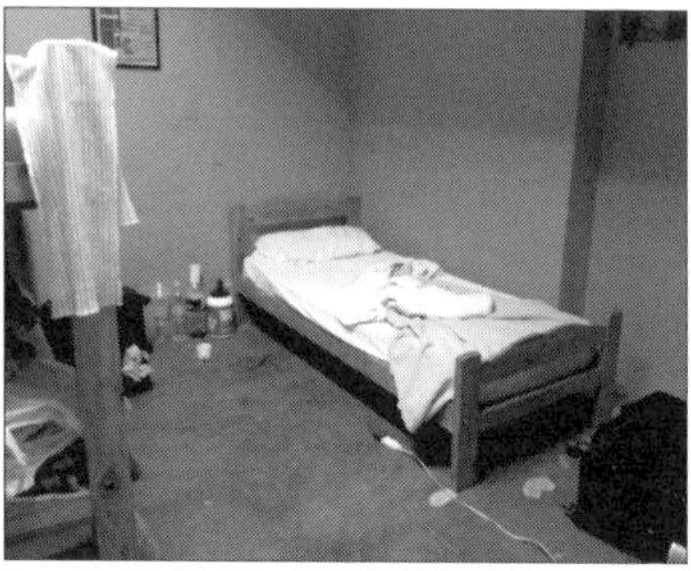
ブエノスアイレスのいかにも治安の悪そうな街並み（左）、泊まっていた安宿の部屋（右）

で「チェ」という言葉を耳にする。本当にアルゼンチンの人は「チェ」って言うんだ……と感動した。最近は自分も仲良くなったレスラーに「チェ」と呼ばれるし、逆に「チェ」と呼んだりもする。それだけのことだけど、なんだか嬉しい。

アルゼンチンでのトレーニングは、ＹＭＣＡジムに通っている。メキシコにもきてくれた星誕期さんはアルゼンチン出身で、お母さんが通っているジムを紹介してくれたのだ。しかも無料。チリでは全くウェイトトレーニングができなかったので、約１ヶ月ぶりのウェイトトレーニングになる。ここのジムでも思ったが、アメリカやオーストラリア、アルゼンチンと、牛肉を食べている国の人は体もデカイ。チリは食事もデブになるものしかなかったので、だいぶ脂肪が付いてしまった。いかに食事とトレーニングが大事かってことだ。アルゼンチンでは頑張ってチリで付いた脂肪を取らないと……。

しかし、アルゼンチンでの試合探しは難航した。アルゼンチンには選手はたくさんいるが、団体がない。だからアルゼンチンの選手は、自分でイベントを企画するか、プロモーターがイベントを開催したときに呼ばれない限り、試合ができないのだ。物価が高いので、試合がなかったら、さっさとボリビアに行こうと思ったのだが、ハビやヒップホップマンを始め、アルゼンチンのレスラーたちが試合がないか探してくれている。だからもう少し、アルゼンチンに滞在しようと思う。

＊　＊　＊　＊　＊

ある日、ブエノスアイレス在住のルベン（Ruben）という選手から、プロレス教室の依頼がきた。アルゼンチンは不思議な国だ。プロレス団体がないのに、レスラーやレスラーになりたい人はたくさんいる。一体、どこを目指しているのだろうか。

ルベン選手は、ＬＳＬ（Liga Sudamericana De Lucha Libre）というアルゼンチンのルチャドール・コミュニティーの親分的な存在。ただこのルベンさん、「アメリカに住んでいたこともあって、師匠はビガロなんだ」と言っていたが、ちょっと怪しい。彼の言うビガロというのは、１９８０〜９０年代に活躍したクラッシャー・バンバン・ビガロのこと。１７０キロ超の巨体にも関わらず、軽快な身のこなしで人気を博したレスラーだ。確かに体型はビガロに似ているものの、練習を見る限りプロっぽさは感じられなかった。

この日の参加選手は彼から連絡をもらってきたようだが、同様にレベルはちょっと……。しかも説明をちゃんと聞かない。「今、言ったばかりだろ！」と何度言ったことか……。1人だけ動ける子がいたので救われたけど、正直、途中で帰りたくなった。とはいえ彼らの方では大満足だったようで、月曜日にまた練習を見て欲しいとお願いされた。今回は平均年齢が高く、最年長の教え子（54歳）が誕生した。

帰りは同じ方向のルドリグ君と帰った。参加者の中で一番若く、お父さんはラ・マサ（La Masa）というプロレスラーだ。彼と話をして、いろいろと新事実が発覚した。ヒップホップマンとハビ・ゲレーロは「アルゼンチンに団体はない」と断言したが、彼曰くアルゼンチンにも団体があるという。彼が教えてくれた団体は「FAC（Federacion Argentina de Catch）」、「Guerreros Del Ring」、「Gigantes Del Catch」の3団体。ハビにたずねてみよう。

＊　＊　＊　＊

ハビ・ゲレーロと一緒に、マック・フロイドの自宅に招待された。

マック・フロイドは、スキンヘッドがトレードマークの筋骨隆々の選手。『100%LUCHA』放送時は番組の看板選手だったが、番組が終了してからというもの、ほとんど試合をしていないそうだ。彼は鉄鋼会社で働いていて、リングも自分で作ったりする。見たところまだ体も分厚いし、本当は試合がしたいんじゃないかな。

アルゼンチンでは自宅に招待されるとだいたい肉が出てくる

そんなことを考えながら、部屋に飾ってあるキリストのきれいな絵を見ていると「この絵、どう思う？」と聞かれる。「いい絵だね」と答えると、「フッフッフ。俺が描いたんだぜ」と嬉しそうだった。案外、セミ・リタイア状態の今の生活も楽しんでいるのかもしれない。

部屋の中には、豚肉の美味しそうな匂いが充満していた。マックは大きい体を屈めてたびたびオーブンを覗き、肉の焼き加減を確認している。前日から仕込んだという豚肉は、とっても柔らかくてジューシーで、メチャメチャ美味しかった！　久々に肉をたらふく食べて満たされる。世界各地で、いろんなレスラーたちが食事に招待してくれるので、かなり助かっている。本当にありがたいな。

帰りはハビに車で宿まで送ってもらった。その帰り道、ハビに「アルゼンチンにプロレス団体があるって聞いたんだけど、知ってる？」と、昨日聞いたばかりの団体の名前をあげてみる。しかしハビ曰く「一つはとても小さく、団体とは呼べないよ。お客さんは友だちと家族だけさ。あとの二つは活動すらしてないよ」だそうだ。そうだったのか……。

でも実際、アルゼンチンのプロレスは盛り上がっているとはいえないからね。

追い討ちをかけるようにヒップホップマンから連絡があった。

「いろいろ調べたけれど、アルゼンチンではしばらく大会がないや」

これはもう絶望的だ。アルゼンチンにはこれ以上、いてもしょうがないかなと思い始めている。

飛行機のチケットが買えない

いつもは人で溢れているラバシェ通りも、日曜日は多くのお店が閉まっていて、人通りも少ない。いつも賑やかなマックの店内も、日曜日は静かだ。前夜は少々食べ過ぎたのでコーヒーだけ飲んで、静かな休日を過ごしている。

先日、ボリビアのある人物とコンタクトが取れ、ついにボリビアに移動することを決意した。しかし、行くまでは困難を極めた。ラパス（ボリビアの事実上の首都）に行きたいのだが、飛行機のチケットが取れないのだ。

インターネットで調べているのだが、ブエノスアイレスからラパスまでの直行便がない。ほとんどが乗り換えで「14時間待ち」とか条件の悪いものばかり。しかも高い。また、日程が近いせいか、なぜか行きの便が出てこない。探し方が下手なのもあるんだろうけど、首都から首都への移動でここまで苦労するなんて、旅をしていてもそれほど経験がない。しかもホテルのＷｉ－Ｆｉがブチブチ切れるので、ストレスも溜まる……。

困った挙げ句、直接、航空会社に行ってみることにした。最初に目星を付けておいたのは「アエロ・スール」という航空会社だが、所在地と思われる場所に行ってみたら、事務所の中はガラガラ。どうやらつぶれてしまったようだ。そのままバスに乗って「ラン航空」へ。オフィスに入ると仏頂面のおじさんに「何の用だ！」となぜか喧嘩腰で言われる。

「何の用って……。飛行機のチケットが欲しいんだけど」

「どこまでだ!?」

アルゼンチン滞在中は本場のタンゴも鑑賞した

「ラパスまで」

「ない!!」

会話は終了。なんでそんなに怒ってんの？　その帰り、近くにあった大きな旅行代理店にも入って聞いてみた。

「ラパスかぁ……。『タカ航空』で『3回乗り換えして1500ドル』っていうのがあるけど……。というかコレしかないな」

結局、ふたたびインターネットと格闘。ラパスへの空路直行便はあきらめて、「コチャバンバ」「サンタクルス」までのルートで調べてみると、いくらか出てくる。でもチリのサンティアゴ経由でアホみたいに乗り換えがあったり、値段もバカ高い。ラパスまで陸路で行くことも考えてみたけど、バスだとなんと3日かかるのだ。

徹夜で探した結果、サンタクルスまでの航空券をようやく買うことができた。サンタクルスからラパスまでは、バスで15時間ほど。この辺りで手を打つしかない。

さようならブエノスアイレス

アルゼンチン最終日、ハビ・ゲレーロが、奥さんと子供を連れて宿にやってきた。

「明日、出発するって聞いたから……。はい、プレゼント！」

差し出された袋を開けると、なんと俺の人形が入っていた。わざわざ作ってくれたのだ。顔も似ているし、タトゥーまでちゃんと入っている。何をプレゼントするか、家族会議を開いたらしい。ハビ・ゲレーロ一家にはアルゼンチン滞在中、本当にお世話になった。最高に嬉しいプレゼントだった。Gracias por todo! Gran abrazo!!

ハビ・ゲレーロと彼の家族がわざわざ宿まできてくれた

そしてついに、最後の地、ボリビアに行く。

なぜ俺がレスラー生活の最後をボリビアにしたのか？　それは、敬愛する革命家チェ・ゲバラが亡くなった国だから。

フランスの哲学者サルトルはゲバラを「20世紀で最も完璧な人間」と、ジョン・レノンは「世界で一番かっこいい男」と評した。

俺が初めてゲバラに興味を持ったのは、20代のメキシコ修行時代だ。ラテンアメリカのヒーローだった彼は、町の至るところでTシャツとなって俺の前に現れる。不思議なことに「買った方がいいぞ！」と悪魔か天使か分からないヤツが耳元でささやき、珍しくTシャツを衝動買いしてしまった。歌舞伎町の露店で坂本龍馬の特大ポスターを買ったときと同じパターンだ。日本に帰国後、ゲバラとは一体どんな人物なのか興味を持ち、ゲバラに関する本を買い漁った。知れば知るほど、ゲバラの生きざまや人間性に魅了されていく自分がいた。

ゲバラがキューバ革命を成功させたのは有名な話。最後はボリビアのイゲラ村で政府軍に捕まり銃殺されてしまったが、死に際までカッコいいのだ。

彼の行動には常に愛があった。そして貧しい人の味方だった。ゲバラは医師であり旅人であり、革命家として生き、革命家として終わった。俺はゲバラにはなれないが、ゲバラの革命家としての生きざまをプロレスに置き換えることで、勝手ながらゲバラと自分を重ねてきた。偶然にも、ゲバラがカストロと出会いキューバ革命を計画した地メキシコは、俺の初めての外国であり、ルチャリブレの修行の地だった。ある説にはゲバラがルチャを習ったという話もある。また、ゲバラの母国がアルゼンチンと知ると、何度も首都ブエノスアイレスに足を運び、日本人初のプロレスのチャンピオンにもなった。

試合のない日はゲバラのように、いろんな国を放浪して回った。特にキューバには何度も足を運び、サンタクララにあるゲバラ像を前にして、ボリビアで引退することを誓ったのだ。

【第八章】ボリビア編

最後の地ボリビアで、生涯の友との出会い

2012年6月21日。アルゼンチンの首都ブエノスアイレスからボリビアのサンタクルスに空路で入国。サンタクルスは、ゲバラがゲリラ活動の拠点にした場所である。いよいよ俺の旅もラストスパートに入った。ついに最後の国ボリビアに到着したのだ。

翌日、バスで首都ラパスに移動。15時間と聞いていたが、20時間もかかった。ラパスのバスターミナルには、ボリビア人レスラーの「アハイユ（Ajayu）」という選手が迎えにきてくれることになっていた。

そのアハイユを紹介してくれたのは、ひょんなことから知り合ったMAKOTOさんという日本人レスラー。日本人だが南米を主戦場にし、現地の選手に指導も行ってきたレスラーだ。歳は俺と同じぐらいで、どこか国籍不明な雰囲気もある。最初、南米の団体のHPで写真を見つけたときは、日系外国人かと思った。MAKOTOさんには発明のセンスもあって、ボリビア観光で人気の「チョリータ・レスリング」（民族衣装の女性によるプロレス）は、MAKOTOさんが考えたもの。もともとは罰ゲームで男性レスラーに女性の民族衣装を

▶ラパス

着せて試合したら思いのほかウケたので、興行としてやるようになったのが広まったのだ。

そんな伝説を持つMAKOTOさんに「南米を旅することになった」と言うと、弟子たちを紹介してくれたのだ。ペルーで世話になったアポカリプシスもMAKOTOさんの弟子で、ペルー人には珍しく時間も守るし、心がどこか日本風で礼儀正しい。他の南米人はもっとアバウトだから、MAKOTOさんの指導の中で培ったものなのだろう。

しかし、アハイユも親切な男だったとしても、バスが5時間も遅れたらさすがにいないだろう。そう思いながらも、1%の可能性にかけターミナルの中を見渡してみる。すると、ひとりの浅黒い肌の男がこっちを見ている。その距離5メートル。その男がどんどん近寄ってくるではないか。もしや……彼がアハイユなのか？

実は俺は彼のことを一切知らない。「アハイユが迎えに行く」としか聞いていないし、マスクマンなので

南米にプロレスを広めている MAKOTO さん（2017 年に再会した際の写真）

どんな顔なのかも全く分からない。俺から見付けるのは不可能だ。

しかし、視界にいる彼はどんどん歩を進め、距離が縮まってくる。3メートル……2メートル……1メートル……ついに目の前で立ち止まった。

「サトーか？」

彼は険しい顔でそう言ってきた。俺が「Si（そうだ）」と答えるとその表情を崩し「無事で良かった！　遅いから何かあったのかと心配したよ」と、5時間も待っていたはずなのに嫌な顔を一切せず、ただただ俺のことを心配してハグで迎えてくれた。

彼は後に俺の一生の友になる。

警察官のストライキ

昨日の夜はうるさかった。朝方まで、爆竹なのか花火なのか手榴弾なのか、はたまた銃声なのか……もう区別がつかないくらいパンパン聞こえた。窓の外を見ると、あちこちで怒声と共に火花が飛んでいた。

大使館の情報によると、21日に一部の警察官がラパス市中心部にある警察事務所に立てこもってストライキを行っており、一部ではエル・アルト市の身分登録所が警察官によって占拠されているということだ。外務省のHPを見ると、ほかにも危ない情報がたくさん載っている。

・ラパス市及びサンタクルス市内の銀行が安全上の問題から閉店
・ラパス市内の路上にて警備や交通整理を行う警察官がいなくなっている
　→治安の悪化及び交通事情の悪化が懸念
・サンペドロ刑務所の警備警察官がいなくなっている
・観光警察が閉鎖中

加えて「給料や退職金等に不満がある警察官の一部によって行われていて、このストライキにともない警察官が勤務場所を離れ、治安が悪化する可能性がありますので、本件が沈静化するまで夜間の外出を控えるようにするとともに、食料を備蓄し、最新の状況をテレビ・ラジオ・新聞等で入手するようにして下さい」という注意書きもある。しばらくはプロレスどころじゃないかもしれない……。

プロレスができないならと、日曜日に郊外のエル・アルトまで行ってきた。途中までミニバンで行き、そこから先は歩きで標高4000メートル超えだ。エル・アルトの丘の上からは、ラパ

エル・アルトから見たラパス市街

スの街並みが見渡せる。チェ・ゲバラのモニュメントもある。貧困層が多く住むエル・アルトでは、いろんな所でチェを目にする。彼らの心の中ではチェは生きていて、共に戦っているのかもしれない。エル・アルトには「VOTA × CHE」という落書きがいたるところにあるが、それはどういう意味だろう。

その後はエル・アルトにあるチョリータ・レスリングの総本山で試合を観た。ラパス名物のチョリータ・レスリングは、民族衣装を着た女性たちによるプロレス。毎週日曜日にここエル・アルトで試合をしている。お客さんはいっぱい入っていたが、あくまでも観光客向けで、そこに〝戦い〟はなかったけどね。

この日は警察官によるストライキの影響はあまりないようだったけど、タクシーの運ちゃんが、「明日から交通機関や公共機関が麻痺するだろう」と言っていた。少し慎重に行動しよう。

ディック東郷引退興行実行委員会

ラパスの街はすり鉢状の地形となっており、最も低い中心部の標高でも約3650メートルと、富士山の頂上とさほど変わらない高さにある。また坂道が多いため、歩くだけで呼吸が荒くなる。

ラパスに着いて数日後、ジムでトレーニングを再開した。ジムの名前は「アイアン・ジム・ボリビア」。宿から歩いて10分のところにある。歩いて10分といっても、この標高でアップダウンの激しい10分だから、ジムに着いた頃には既に息が上がっている。ここはジム代が安く、1ヶ月で約700円。この旅で最安値を記録した。さすがボリビアだ。

この日は胸と上腕三頭筋のトレーニング。いつもよりゆっくり練習したつもりだったが、結構しんどい。これから少しずつ高地に体を慣らしていこうと思う。最後にアルゼンチンでトレーニングをしてからだいぶ間が空いたので、体が丸くなってしまった……。トレーニングが思うようにできないのもあるが、満足な食事ができないのが厳

エル・アルトの街で見かけたゲバラのステッカー

しい。旅に出て既に約11ヶ月。旅をしながら体を維持するのは難しいと、つくづく思う。しかし、高地のボリビアで数ヶ月練習して日本に帰ったら、ものすごく動けるんだろうな。いや、もう試合をすることはないんだけど。

ここボリビアでは、ある団体が「ディック東郷のボリビア引退を成功させよう！」的な実行委員会を結成し、全面的にサポートをしてくれている。

ボリビアは、南米の中でもルチャリブレが盛んな国だ。エル・アルトへ行けば毎週日曜日に試合があるし、ビッグマッチをやればかなりの集客がある。ただ問題は、団体同士の確執が日本以上にあること。だから、チリのようにどこの団体でも出るというのは不可能だ。実はボリビアにきてから、いろんな選手に声をかけてもらっているが、筋は筋。今は実行委員会に全てを任せ、他の団体からの誘いは断っている状態だ。

その実行委員会を組織しているのが、LLA（Lucha Libre con Altura）という団体のプロモーターであるモデスト。そう、初日にバスターミナルまで迎えにきてくれたアハイユは、リングを降りればプロモーターのモデストなのだ。

その実行委員会から「試合が決まったから宣伝にテレビ局へ行こう」と連絡があった。この標高で果たして動けるのかちょっと心配だけど、記念すべきボリビア初戦にテンションが上がる。

ということで、まずはテレビ局のカメラマンたちと、試合の煽りVTRを撮る。それが終わってすぐに大会の宣伝をしに別のテレビ局へ行ったら、なんと生放送だった。これを皮切りに怒涛の宣伝活動に突入することは、このときはまだ知る由もなかった……。

ダイナマイトの音がする

モデストとメルカード（市場）にご飯を食べに行った。彼が食べている「アヒ・デ・パティータ（豚足をニンニクと一緒に煮込んだ料理）」が美味しそうだったので、同じものを注文した。見た目は美味しそうだったけど、臭みがあってちょっと苦手な味だった。豚足に毛が生えてたし……。

どうやら警察官のストは落ち着いたようで、今日はちゃんと仕事をしていた。モデスト曰く、警察官に限らずラパス市民の基本給は、月に120ドル前後らしい。そりゃ、もう少しくれって言いたくもなるよな、と少し同情した。でも警察官が仕事放棄するのはイカ

大会のPRのボリビアのテレビ番組にアハイユ（一番右）と出演

ンよな。

そんな話をしていたら、爆竹の音が聞こえてきた。あー、また何かやってんだなぁくらいに思っていたら、今度は大きな爆発音が聞こえてくる。

「今のはダイナマイトだな」

モデストがボソッと言った。

「えっ、ダイナマイトって……。そんな普通にしてていいの!?」

「大丈夫だよ」

店のお客さんも平気で食べているし、ボリビアではこれが日常なんだな……。

食事を終えて、メルカードの上からサンタクルス通りを見ると、色とりどりの民族衣装を身にまとった団体が大行進している。さっきのダイナマイトや爆竹は、彼らの仕業のようだ。

モデストが「彼らはベニ県という所からラパス市内まで徒歩で何日もかけてきたインディヘナ（先住民）たちだよ」と教えてくれた。政府が計画するボリビアとペルー、ブラジルを結ぶ道路建設の反対運動だそうだ。そう言えば、テレビで警察官のニュースと同時進行でやっていた気がする。

「ボリビアでは、常に誰かがゴビエルノ（政府）と闘っているんだ」

せっかく警察官のストが落ち着いたと思ったら、また別の問題か……。一難去ってまた一難とはこのことだ。

ホテルの窓からの風景を見る限り、平和な町に見えるんだけどね。「La Paz（平和）」という名前の通り、平和になってほしい。

標高4200メートルでプロレス教室

エル・アルトでは、富裕層が住んでいるのは標高の低い方で、上に行けば行くほど貧しい地域になる。日曜日に観光客向けのチョリータの試合などが行われている場所はセーハ（Ceja）という、どちらかというと貧困層が住む場所だ。そのセーハからさらにバスで15分くらい上った住宅街に、この日の練習場所はある。敷地の中へ入ると、モヒカン頭の若い練習生が1人でリングを組み立てていた。もちろん屋根はない。リングが完成し、いざ練習だ。えーっと、今日練習する人は、モデスト、若い練習生……。たった2人か。

「俺もだよ！」

さっき敷地の前でタクシーの運転席から出てきた男が言った。ああ、君もか！　誰かを乗せてきたのかと思ったけど、普段の仕事がタクシー運転手なんだね。じゃあ、3人だけ？

「あー、私もだけど……」

近くにいた年配の男性が言った。えっ、若い練習生の付き添いかと思っていたよ！

「いえいえ、私もまだまだ現役ルチャドールですよ」

「ちなみに、お年は？」

「60歳」

「……練習に参加するんですか？」

「もちろん！」

教え子の最年長記録がさらに更新された。しかし、思わぬ2人が加わったものの、4人とは少ないな。聞けば、ボリビアのレスラーは練習嫌いで、今日集まったのもいつものメンバーだそうだ。気を取り直して、いつも通り軽くスクワット、プッシュアップなどの基礎トレから、マット運動の順で進めていく。最初に手本を見せるのだが、4人しかいないので、すぐ順番が回ってくる。

「えーっと、みんな、ゆっくりでいいんだよー」

しかしみんな気合いが入っているようで、バンバン飛ばしている。60歳のセニョールも、驚くほど動きは軽やかだ。

ところでみなさんは、標高4200メートルで前方回転や後方回転を繰り返しやったことはあるだろうか。富士山の頂上よりも高い場所ではさすがに酸素が薄く、普段は何気なくこなしている基礎トレをやってもかなり息が上がるし、マット運動は本当に目が回る。どうにかいつも通り練習を続けたが、日本人の俺には本当にキツかった。

一方で彼らは、疲れないのだろうかというぐらい元気だ。でも考えてみたら、生まれた頃からこの環境で生活してるんだもんな。彼らはまだまだ元気だったが、翌日も教室の予定だ。今日はこれで勘弁してくれと俺が泣きを入れた。

翌日は60歳のセニョールが脱落し、練習参加者はモデストと20歳の新人君（モヒカン）の2人になった。この日は、前日の復習と新しいメニューを少しやってみた。彼らはちゃんと前日やったことを覚えていたし、2人とも飲み込みが早くてビックリ。彼らの良いところは、俺がやっているのをちゃんと見ているところ。これが大事なことなんだよね。分からないところは、手取り足取りマンツーマンに近い感じで教えることができた。

練習しか見ていないが、はっきり言って2人ともかなりレベルが高い。人数が少なかった分、2日間、中身の濃い練習ができた。

芸能人じゃないんだから！

朝、モデストからの電話で目が覚めた。

「ホテルのフロントにいる。今からテレビ局に行くから着替えて下りてこい」

時計を見ると、朝6時30分。まじかよ……。まずは冷たい水で顔を洗う。

「うー、さぶっ」

ラパスの朝は本当に寒い。

コレクティーボ（乗り合いバン）に乗せられ、向かうはテレビ局のあるソナ・スール（高級住宅地）。既に局の前で、3人のボリビアン・ルチャドールが待機していた。練習のときにタクシー運転手かと思ったのは、バルバ・ネグラ（Barba Negra）という選手だった。60歳のセニョールはアルコン・ドラド（Harcon Dorado）というマスクマンで、バリバリの現役だ。

まずは『CADENA"A"』という朝の情報番組に生出演し、大会の宣伝をする。ボリビアではけっこう人気のある番組だそうだ。出演を終え、ひとまずホッとしていると、モデストが手帳を取り出した。

「えーと、このあと午後3時から別のテレビ局で宣伝が1本。午後7時からホテルで取材が1本。午後9時からまたテレビ局で宣伝が1本あるから」

「お前は俺のマネージャーか（笑）！」

その日は1日中、宣伝活動に奔走し、最終的にホテルに帰ったときには夜中の12時を回っていた。

翌日は朝6時に起床。モデストと一緒にまずはATB局のあるミラフローレス地区へ。かなり大きなテレビ局らしい。朝8時の番組の生出演が終わったら、今度はボリビアの新聞の取材が始まる。取材後、すぐに別のテレビ局へ移動。朝9時からの番組に、こちらも生出演して大会の宣伝だ。ボリビアにはいくつあるんだというぐらいテレビ局が多い。すごく小さな局から近代的なビルの中にある局まで、規模はさまざまだ。

ボリビアのラジオにも出演。右端がバルバ・ネグラ。

早朝から午前中いっぱいを使ってやっと宣伝活動が終わり、午後からジムへ。2時間ほど練習してホテルに戻り「さーて、ゆっくりしよう」と思ったら、部屋の電話が鳴った。嫌な予感……。受話器を取ると、やっぱりモデストからだ。

「サトー、どこへ行ってた？　ラジオに出るからすぐ仕度して！」

今日はゆっくりできると思ったのに、芸能人じゃないんだから……。でも、俺のためにいろいろ動いてくれてるのに、文句は言っちゃいけない。すぐに仕度してラジオ局へ。それにしても、スペイン語がペラペラ

明日も頑張って宣伝活動だ！

「チョリータの３分クッキング」的な番組にもゲスト出演

でもないのに、声だけのラジオ出演って宣伝効果はあるのかなあ。

「サトー、明日も朝のテレビに出るから、朝7時に迎えに行くぞ」

こんな調子で、翌日も朝からホテルでインタビューを受け、テレビ局へ。『チョリータの3分クッキング』的な料理番組から、これまたチョリータ司会の情報番組に立て続けに生出演。そのあと撮影もこなし……と、宣伝活動は続くのであった。

これだけやればやはり効果はあるようで、俺がきていることはボリビアのお茶の間にも少しずつ浸透しているようだった。街で「ディック東郷！」と声をかけられると、ちょっぴり嬉しい。

★2012年7月6日 ワールドツアー第31戦

試合中も酸欠に……

【団体】LLA【場所】ラパス【会場】Coliseo de Villa Victoria【試合】メインイベントでディック東郷&アポカリプシス組vsアハイユ&イステリア組のタッグマッチ。ダイビングセントーンをアハイユに決めて勝利。


2012年7月6日。ラパス到着から2週間後、ボリビアで初試合を果たした。

試合はメインのタッグマッチで、パートナーはペルーからやってきたアポカリプシス。そう、ペルー滞在時に世話になった選手だ。俺のボリビア入りを聞きつけ、ペルーからバスで駆け付けてくれたのだ。まさかボリビアで再会するとは思ってもみなかった。そして対戦相手はアハイユ、イステリア（Histeria）組。

試合の前にひとつ試練があった。

控室の環境が過酷なのだ。

ラパスの季節は冬で、とにかく朝、晩が冷える。また建物の中はすきま風がひどくてとにかく寒い。控室には暖房はおろか椅子もなく、自分の出番まで立ったままガクガク震えて待つしかない。

ボリビアLLAでの試合風景

せめて試合がテンポよく進んでくれればいいのだが、開始も遅ければ試合数も多い。それなのに進行はダラダラ。おまけに第4試合でトップロープが外れるハプニング。リング崩壊まではいかなかったものの、トップロープはかなりダルダル状態で試合再開。そこからさらに3試合が終わり、やっと出番のメインイベントだ。すっかり体は冷えきっていたが、気合いでリングへ向かう。

パートナーのアポカリプシスが会場を煽ったおかげで、俺もすっかり嫌われ者。でも嫌いじゃない。いいね、この雰囲気！　ペットボトルやミカンの皮など、いろんな物が飛んでくる。

さて、問題の試合だ。

ボリビアにきて初めての試合。やはり標高の高さが自分を苦しめ、想像以上にきつかった。標高をナメちゃダメだわ。最後は何とかダイビングセントーンをアハイユに決めて勝利したもものの、試合中、酸欠で3回も呼吸困難に陥った。

その度に場外にエスケープ。すると場外にいるレフリーが近寄ってきて、メンソレータムのような何かを俺の鼻に擦り込んだ。スースーする何かのおかげで、いくぶん呼吸がしやすくなった気がする。そして頑張って呼吸を整えようとするのだが、回復するまでには至らない。まさに悪戦苦闘。こんな体験は生まれて初めてだ。

客席の様子はこんな感じ。会場は寒いが、お客さんの反応は熱かった。

試合後、疲れ果てている俺に、モデストは言った。

「サトー、こんな話がある。ボリビアのサッカーは、南米の中ではさほど強くない。だけどラパスでゲームを行うようになってからは、実力では到底およばないブラジルやアルゼンチンを相手に何度も善戦したことがある。つまり、君にいくらプロレスの技術があっても、ここでは地元の選手が有利なのさ！」

ボリビアでの戦いは、標高との戦いになりそうだ。

★2012年7月13日 ワールドツアー第32戦

食あたりとの戦い

【団体】LLA【場所】ラパス【会場】coliseo de villa victoria【試合】ディック東郷&ゲレーロ・アヤ組vsソンブラjr&アハイユ組のタッグマッチ。アハイユが450°スプラッシュをゲレーロ・アヤに決めてアハイユの勝利。

試合の前日、朝起きてから謎の腹痛が止まらない。汚い話、1時間おきにトイレに行くし、吐き気と寒気もあったので熱を測ったら、39度だった。咳は出ていないから、食あたりというやつだろうか。

思いあたることは……たくさんある。昨日はLLAの選手バルバ・ネグラ（副業はタクシー運転手）の車を宣伝カーに仕立て上げ、寒い街中をぐるぐる回ってビラ配りをした。500枚を配り終えた頃には、すっかり体は冷え切っていた。そのあと、あまり衛生的には見えないメルカードで飲んだフレッシュジュースも原因かもしれない。普段ならなんてことはないのだが、極度の疲労で抵抗力も低下していたんだろう。

しかし、こんな状態でもテレビと新聞の取材はある。もうフラフラで、どこを回ったかも覚えていない。口の中がやたらと乾くし、呼吸は苦しいし、何も食べてないのでお腹は空いているけど、ホテルの部屋には食べ物は何もないし、何より食欲がない。試合までに少しでも良くなっているといいんだけど……。

試合当日の朝、起きたら熱は下がっていた。食欲も少し戻り、試合前に日本食レストラン「けんちゃん」でチキン南蛮定食を平らげた。食べてすぐにトイレへ直行したけど。試合は夜7時からなので6時まで部屋で横になって体力を温存する。早く控室に行っても椅子もないし、ただ寒いだけだから。

6時30分に会場に入ると、まだお客さんは会場の外だった。

「まだ開場もしてないのかよ！」

控室に入ると、会場用の椅子はまだ届いてないし、選手が2人もきてないしと、問題続出。

「こりゃ、試合が始まるのは8時だな」

予想通り、第1試合が始まったのは8時だった。今日は全部で5試合。前回、「試合数が多すぎるから、減らしたら？」と言った意見が採用されたようだ。しかし、進行がグダグダ。

「もう少しうまく進められないもんかね」

暇だったので、第1試合と第2試合を会場の隅から見る。第2試合に出た若いやつらのシングルマッチがあまりにも気持ちが入ってなかったので、試合後に控室で説教してやった。

「てめーら、プロレスなめてんのか！」

この日はモヒカンの青年ゲレーロ・アヤ（Guerrero Ayar）とタッグを組み、ソンブラ・ジュニア（Sombra jr.）、アハイユ組と対戦。線は細いけど、ゲレーロは良い選手だ。エル・アルトでの練習を見たときから高く評価しているので、パートナーにリクエストしたのだ。ちなみにゲレーロは、少し前までボリビアの軍隊にいた。ボリビアでは17歳から1年間、徴兵制度があるそうだ。ただアハイユは「ユルい訓練で時間のムダだった」と言っていた。

試合ではゲレーロにいろいろとアシストしてやったのだが、最後はアハイユが450。スプラッシュをゲレーロに決めて、アハイユの勝利。

試合前は、運が悪ければウ○コが飛び散るんじゃないかと不安だったが、心配無用だった。何より無事に生還できて良かった。しかも、病み上がりではなく病み真っ最中なのに、思った以上に体も動いたし、人間、追い込まれたらもの凄い力を発揮するもんだな。

熱い男モデスト

ある日、モデストから電話があった。

「サトー、今日エル・アルトで試合することになったんだけど、見にくるか？」

モデストのお父さんホアン・ママーニは、老舗チョリータ・レスリング団体のプロモーターで俺が見たのもこの団体だ。このお父さん、ボリビアのプロレスラーからはすこぶる評判が悪く、息子のモデストさえも「うちの親父はダメだ」と嫌っている。普段はなるべく顔を合わせないようにしているが、選手が足りないときには電話があるそうだ。

「今日も親父から電話があって、第1試合でパヤソ（ピエロ）をやってくれってさ」

この団体の選手のレベルはかなり低いが、外国人旅行者がチョリータ目当てにくるので、会場は満員だ。モデストはピエロの格好で、第1試合に登場。友人が嫌々プロレスをするのを見ているのは、やはり切ない。試合を見たら早々に、「悪いけど先に帰るよ」と言って帰ってきた。

ボリビアに入る前は、本当にここで試合ができるのか心配だった。というのも、ゲバラがボリビア革命に失敗した国でもあるし、ボリビア人は外国人に対して警戒心が強く、閉鎖的な印象があったからだ。しかし今、モデストという友情に熱い男のおかげで試合ができているし、何とかこの国で引退できそうだ。こんなよそ者のために、彼を中心にみんなが一丸となって、引退ロードを盛り上げてくれている。俺は幸せ者だ。

だから俺も、彼の団体LLAをボリビアで一番の団体にしてやりたいし、俺のできることすべてをこの団体のためにしてやろうと思っている。それが俺にとっての最後のプロレス革命だ。

そのモデストは、熱い男である一方で、人を和ませるようなところもある。

テレビ局のプロデューサーにペルーレストランで「パリウエラ（Parihuela）」をごちそうになったときのこと。パリウエラとは、ペルーで有名な魚介のスープ。そこでモデストが、スープの中のエビを見つめて一言。

「これは何？」

ボリビアは海のない国。外国に行ったことのないモデストは、35歳にして初めてエビを見たのだ。食べ方を教えると、「これがエビか〜！　美味しいね」と、満面の笑みを浮かべて食べていた。なんだか貴重な瞬間を目撃した気分だった。

チョリータからの挑戦状

ある日の夕方、部屋で休んでいたら、部屋の電話が鳴った。「誰だろう？」と思い電話に出ると、フロントからだった。

「チョリータがあなたを訪ねてきています」

チョリータに知り合いはいないけど……。フロントに行くと、2人のチョリータが待っていた。

「ど、どちら様ですか？」

「私たちは、エル・アルトで毎週試合しているチョリータです。あなたがテレビで『チョリータはルチャリブレじゃない』と発言したのを見ました」

あちゃー、見られたか……。それで怒ってきたのか。でもそれは本心だ。そもそもチョリータは外国人観光客向けの別料金も設定してあるように、ショーの要素が強いもの。観光客にウケることだけを意識しているから、そこに「戦い」はないと感じていたのだ。

「あなたたちは観光客を意識しすぎて、ルチャリブレ本来の戦いを忘れている」

ボリビアの女子レスラー・チョリータ。試合前は普通の女性だ。

「ならば今日、私たちの戦いを見て下さい！」

俺は2人に両脇を抱えられ、捕まった宇宙人のようにエル・アルトの会場へ連行された。会場に向かう途中、なぜ泊まっているところがわかったのか聞くと、その番組のプロデューサーが教えたらしい。教える方も教える方だが、しかしわざわざ訪ねてくるかね……。

話をするうちに彼女たちの団体は、俺が見たのとは違う団体だと分かった。つまりモデストのお父さんの団体じゃないということだ。ということは、エル・ア

試合が始まるとエキサイト。なかなかの迫力だ。

ルトにはチョリータ・レスリングが少なくとも2団体もあり、どちらも毎週日曜日に試合をしてるってことだ。それもすごい話だなぁ。

彼女たちの言葉の端々に、「あの団体を見てチョリータはダメだと決めつけないで」という雰囲気を感じる。わざわざホテルに訪ねてきてまで試合を見てくれっていうくらいだから、よほど自信があるんだろう。では、自信のほどを拝見させてもらおうじゃないか！

会場に入ると、お客さんは少なかった。

お客さんの入りは、老舗団体の圧勝だ。それでも観光客相手にツアーを組んでいるようで、リングサイドには20人ほどの欧米人が陣取っていた。

第1試合は、ＬＬＡの第2試合にも出ていた若手選手のタッグマッチ。試合がひどくて説教したやつらだ。こんなところにも出ているとは、意外にオファーがあるんだな。

しかし、試合の流れもできてないし、これじゃ子供のプロレスごっこと変わらない。プロレスをナメているとしか思えない。日本だったら、確実に一発喰らわしているところだ。第2試合、第3試合もひどかった。そんな彼らは試合後、なんと期待感丸出しで「どうだった？」と聞いてきた。お前ら、どんだけ自分でいいと思ってんだよ！

問題は第4、第5試合。挑戦状を叩きつけてきたチョリータたちの試合だ。

彼女たちの試合が始まると、会場の空気が明らかに変わった。どちらもチョリータ同士のシングルマッチで、迫力がある。俺にアピールするかのように目の前で場外戦をするチョリータたち。いつもこんな試合をしているのか、俺が見ているから気合い入れて試合したのかは分からないが、確かにチョリータのレベルはこちらの団体の方が上だ。

試合後、「良かったよ」と言うと嬉しそうにしていた。

チョリータは観光客向けのイベントがほとんどだが、やっていくうちに彼女たちのように本当の戦いに目覚める選手もいるということが分かった。「機会があれば、今度練習を見て下さい！」と言われたので、もしかするといつか「プロレス教室・チョリータ編」もあるかもしれない。

ボリビアの大巨人

ボリビアにタタケ（Walter Tataque Quisbert）という身長2メートルのレスラーがいた。

彼のイタズラ好きはボリビアのレスラー仲間の間ではかなり有名で、そのイタズラのレベルが

ボリビアの大巨人タタケ（ボリビアの新聞「La Razón」のサイトより）。全盛期は身長 2.25 メートル、体重 170 キロもあった。2019 年に永眠。

度を超えているので、選手たちは常に戦々恐々としていた。

例えば、選手が控室のトイレで用を足している足元に爆竹を投げこんだり、高速道路を走行中に寝ている選手の試合道具の入ったバッグをバスの窓から投げ捨てたり、カベジェラ戦（髪の毛をかけた試合）を控えた選手の髪の毛をバリカンで刈っちゃったり、こんな話が山のようにあるヤバい選手なのだ。反撃しようにも体が大きいから誰も文句は言えない。笑って済ませるしかない。

そのタタケ選手がパナマに遠征に行ったときの話だ。

控室でメキシコのある選手が、タタケの黒いリングシューズを白いスプレーで真っ白にしてしまった。それに怒ったタタケの報復が始まる。

怒りに震えたタタケが控室の中をグルリと見渡すと、鳥カゴを発見した。この鳥カゴの中には、アギラ・ソリタリアという選手が入場するときにパフォーマンスで使う鷹が入っている。ニヤリと笑ったタタケは、鳥カゴの外から中にいる鷹めがけて白いスプレーを吹きかけたのだ。

1時間後——。アギラが入場時、いつも通り鷹を呼び込んだ。しかし、普段ならとっくにリングまでやってくるはずの鷹が、なかなか飛んでこない。異変を感じたそのとき、すでにシンナー中毒でフラフラの鷹が急降下、そのまま地面に落下し、死んでしまった。アギラはメキシコに帰国後、鷹を亡くし仕事もなくしたそうだ。やはりこのタタケという大巨人はただ者ではなかった。

控室でのイタズラは日本でも海外でもよくあることだが、ここまで度を超えたイタズラをする選手はボリビア以外では見たことがない。

ただ、このタタケの報復には、メキシコ人とボリビア人との間にある確執が根っ子にありそうだ。メキシコ人選手の中にはボリビア人に対して差別的な感情を抱いていて、嫌がらせをするヤツもいるのだ。いずれにしてもあまり関わりたくないものだ。

ちなみにボリビアには、レスラーになる前は特殊部隊にいた「コマンド」という選手もいる。この人は小型爆弾を自分で作って持ち歩いていて、キレるとそれを悪用する。たとえばホテルで宿泊を断られたりすると、腹いせにロビーで爆発させたりするのだ。日本では考えられない。ボリビアのルチャドールは一筋縄ではいかないヤツばかりだ。

★2012年7月20日　ワールドツアー第33戦

弟子がボリビアにやってきた

【団体】LLA【場所】ラパス【会場】Coliseo de villa victoria【試合】ディック東郷&佐藤悠己組 vs アハイユ&ゲレーロ・アヤ組でタッグマッチ。アハイユが佐藤悠己に450。スプラッシュを決めアハイユの勝利。

ある日、弟子のひとり佐藤悠己（現・さとうゆうき）からメールがきた。佐藤はメキシコで再会した久保、佐々木と同期で、俺の初めての弟子だ。

「ボリビア行きます！」

それは「沖縄行きまーす」くらいの軽い感覚に思えた。その後またメールがきて「ボリビア行きのチケット取りました！」と書いてあった。

なかなかやるなと思った。決めたらすぐ動く行動力、俺は好きだな。ボリビアがどこにあるのかも分かってないんじゃないかな。聞いたら、海外に行くのは初めてだという。初めての海外がボリビアっていうのもいいじゃないか。全ては行動から。そうすれば、何かが始まる。

その佐藤悠己が、本当にボリビアにやってきた。夜明けのエル・アルト空港で再会後は早々に高山病でダウンしたものの、復活後はジムで一緒にトレーニングもできた。一人だと追い込んだ練習ができないのだが、補助してもらうと充実したトレーニングができるのだ。

２０１２年７月20日、そんな佐藤との師弟タッグで、ボリビア人と対戦だ。

しかし試合前、控室ではやっぱり問題が発生。午後6時開場、7時試合開始のはずが、7時を過ぎても7人もの選手が会場にきていないのだ。長老のアルコン・ドラドも「これじゃ、チケットの売りようがないよ」と怒っている。結局、8時になってもその7人は姿を現さず、マッチメイクも大幅に変更。全5試合だったのが4試合になってしまい、試合もだいぶ遅れてスタートした。

佐藤がきたときの試合のチラシ

この日はアハイユ、ゲレーロ・アヤ組と対戦。良い試合をして少しでも多くのお客さんを次の大会に呼ぶのが俺の使命。お客さんは少なかったが、全力で戦った。佐藤も初の海外遠征とは思えないほど、日本と変わらぬファイト。コーナーで見ていて頼もしかった。結果は佐藤がアハイユに４５０°スプラッシュで敗れはしたものの、ボリビアのお客さんは拍手で応えてくれた。

ボリビアで腹立つくらいモテモテだった佐藤悠己（左から２番目）

ボリビアにきてずっとヒールでやってきたが、この日はとにかく「良い試合をすること」だけを考えて試合した。その結果、この日はお客さんから試合中に物が飛ばなかった。それどころか、たくさんの拍手をもらった。

佐藤は子供っぽく見えるらしくて、26歳だと聞くとみんな嘘だろって驚く。それでいて勝ち気なファイトスタイルだから、このままボリビアでプロレスを続けたら絶対に人気が出るんじゃないかな。一緒に出たテレビでも、司会者に出演者の女性の頬っぺたにキスをしろと言われたり、ズボンを脱げと言われたり、かなりイジられていたし、一緒に街を歩いていると、ボリビアの女子高生が「あの子かわいい」って言っていた。

佐藤はスペイン語が分からないから気づいてなかったけど。

ともかく、わざわざ遠いボリビアまできてくれて嬉しかった。久しぶりに日本語を喋れて楽しかったし、いなくなると思うと寂しくなるな。また、一人旅だ。

★2012年7月27日 ワールドツアー第34戦

キレた長老

【団体】ＬＬＡ【場所】ラパス【会場】Coliseo de Villa Victoria【試合】メインでディック東郷&スパイ組vsアハイユ&ハイデル・リー組のタッグマッチ。アハイユがスパイに４５０°スプラッシュを決めてアハイユ組の勝利。

ボリビア第4戦。毎週金曜日の定期戦だ。

実は前回の試合後、控室では〝長老〟アルコン・ドラドが、出場選手を集めて緊急ミーティングを行った。

「みんな会場にくるのが遅すぎる。試合にこないヤツはもってのほか。お客さんは寒い中、外で待ってるんだぞ！　お客さんがチケットを買いにきてるのに、選手がいないんじゃ売りようがないじゃないか。せっかく日本からきてる選手が良い試合をしても、これじゃお客さんが離れていく一方だ。せめて、試合開始1時間前に会場に入ろう！」

その説教のかいもあってか、試合前には必ずバックステージで事件が起こるＬＬＡも、この日は何のトラブルもなく、平和な控室だった。他団体の選手を排除したのも良かったのだろう。ヤツらはいつも敵対心丸出しで態度が悪く、控室にいるだけで雰囲気が悪くなる。いなくなって、みんな伸び伸びしていた。

しかし、問題だったのは俺の体調だ。朝食べたフルーツが良くなかったみたいで、試合前に何度もトイレに駆け込んだ……。試合の日に限って何故か体調が悪い俺。ボリビアの食事は本当に気を付けないと、痛い目に遭う。特に試合前は。

こんな状況だが、嫌でも試合の順番が近付いてくる。俺はメインでスパイ（Supay）と組んでアハイユ、ハイデル・リー（Jaider Lee）組と戦った。

試合前、パートナーのスパイに前から気になっていた質問をした。

「お前のマスク、シコシスのコピーだろ？」

彼のマスクはメキシコの有名ルチャドール「シコシス」にそっくりなのだ。ストレートにそう聞いてみると「違うよ。これは（南米の神話の）オルーロの悪魔をモチーフにしてるんだ。地下神だよ！」と反論。スパイとはケチュア語で「悪魔」の意味だそうだ。

スパイはキャリアは少ないが良い選手だ。試合は自分たちのペースで進んでいたが、中盤からうまく分断され、最後はアハイユがスパイに450°スプラッシュを決めて、アハイユ組の勝利。相変わらずお客さんは少ないが、自分たちの試合を楽しんでくれているのが、試合をしていても分かる。

この日は出場選手の平均年齢の高さにビックリした。20代が3人、30代が1人、自分を含めて40代が3人、50代後半が1人。そして60代の超ベテランが5人もいるのだ。第1試合に出ていた長老ことアルコン・ドラド選手は、普段はおじいちゃんにしか見えないのに、リングに上がればとても60代とは思えない動きをする。これも、LLAの見所のひとつかもしれない。

一番左にいるのがスパイ選手

あぶないエル・アルト

今日のラパスは珍しく雨が降り、日中からかなり寒かった。しかし、エル・アルトはもっと寒かった。

エル・アルトにはLLAの道場があり、ここ何日かは練習のためエル・アルトに通っている。練習は午後7時から9時まで。6時に市内からミニバスに1時間ほど乗ってエル・アルトへ。さらに暗い夜道を階段を登り、レンガ造りの貧しい家の間を抜けて、ぜいぜい言いながら30分ほど歩く。吐く息は真っ白だ。

そうすると一軒の駄菓子屋が見えてくる。練習生の家族がやっている駄菓子屋で、練習場はその店の奥。冷凍庫かと思うほどの寒さだし、裸電球が1個しかないのでかなり暗い。しかも置いてあるリングにはサードロープもない。

この日はスクワット、プッシュアップなどの基礎体力練習から、マット運動、受け身、基本技、ロープを使っての練習を2時間やった。集まったのは6人。ゲレーロ、スパイ……見慣れた顔ばかりだ。この6人の選手は、今まで教えてきた中でもずば抜けてレベルが高い。みんな教えたことをすぐ吸収する能力を持っている。

これだけプロレスセンスのある選手がいるのだから、どうにかして団体にお客さんをたくさん呼べればいいんだけど、良い選手がいるからといってお客さんが入るとは限らないのが、プロレス興行の難しいところだ。

夜9時過ぎに道場を出ると、街灯のない道はかなり暗い。道には野良犬くらいしかいない。ミニバスを拾う大きな通りに出るまで30分くらい歩くので、練習に参加しているモデスト、ゲレーロ、スパイが一緒に付いてきてくれる。

彼らはみんなエル・アルトに住んでいる選手。「ここに住んでて、危ない目に遭ったことないの？」と聞いてみた。

するとゲレーロはまだ21歳だが、2回も強盗に襲われたことがあるそうだ。夜、1人で歩いていると、いきなり後ろから首にナイフを当てられ、1人は見張り、2人がポケットの中の物を物色。相手は4人組で、取る物を取ったら走って逃げていったそうだ。モデストやスパイも似たような手口で襲われたことがあると言っていた。

地元の人間でさえ、襲われるエル・アルト。噂には聞いていたが、やはり危険な場所だ。俺も気を付けなければ。

★2012年8月10日 ワールドツアー第35戦

過去最低の動員記録

【団体】LLA【場所】ラパス【会場】Coliseo de Villa Victoria【試合】ディック東郷&バルバ・ネグラ組vsマテマティコ&ジャガー組のタッグマッチ。急所攻撃からのスクールボーイでディック東郷組の勝利。

ボリビアにきてからというもの、日付けの感覚があまりない。

日本を出発したのが２０１１年8月1日だから、もう1年が経っていることにふと気が付いた。長かったような短かったような、そして永遠に旅が続くような、そんな気さえしている。しかし現実は、すぐそこまで引退の日が迫っているのだ。あと何試合できるか分からないが、もうひと踏ん張りしたいと思う。

すっかり馴染みの会場となったColiseo Villa Victoriaで試合があった。2週間も宣伝期間があったはずなのに、お客さんの入りは過去最低を記録。50人もいなかったと思う。あまりの少なさに、控室の空気もどんより。試合開始時間の午後7時をとっくに過ぎてるのに、誰もコスチュームに着替えようとしない。

また、今回はチョリータの試合を試験的に1試合組んだにもかかわらず、当のチョリータたちは会場に現れなかった。いったいどうなってるんだ。この国のレスラーは責任感というのがないのか!?

ずいぶん待ってみたけれど、結局お客さんも増えず、チョリータも現れず、第1試合が始まったのは8時30分過ぎだった。

全4試合中の第3試合に出場。バルバ・ネグラと組み、マテマティコ（Matematico、数学の意味）、ジャガー（Jaguar）組と戦った。「もう客が少なかろうが、ルード全開で行こうぜ！」とバルバ・ネグラと意見が一致。ふとバルバ・ネグラの手元を見ると、どこから調達してきたのかチェーンを持っていた。試合はゴングを待たずして、相手チームの入場を襲って大暴れ。マテマティコのマスクを破って流血させるなどやりたい放題。客席からは罵声が飛び、中でも一番熱くなっていたのは子供たち。最終的に金的からのスクールボーイでルード軍団が勝利を収めた。

前日の練習前、モデストにこんなことを頼まれた。

「若い選手数人が、新しい団体を立ち上げようとしている。ちょっとプロレスができるようになったからって、勘違いしてるんだ……。サトーから、若いヤツらに何か言ってもらえないかな」

練習を終えたあと、若い選手を集めて言った。

「俺はもうすぐこの国で引退する。俺の引退も大事だけど、それ以上にボリビアのプロレスを盛り上げたい。みんなバラバラなことをしてたら、ボリビアのプロレスは落ちていく一方だよ。俺はLLAが好きだし、モデストのプロレスに対する気持ちが好きだ。俺がボリビアにいる間、モデストにできる限り協力したい。だから、君たちも頼むから、モデストを支えて欲しい」

ボリビアの数学仮面、マテマティコ選手

そんなことを話したら、彼らも少しは理解してくれたようだった。

ボリビアのレスラーはかなり高い技術を持っているのだが、エゴイストが多く、すぐに分裂してしまう傾向にある。誰かがまとめていかないと、ボリビアのプロレス界に未来はない。この国のプロレスを盛り上げたいなら、まずはメンタル部分を変えていかないと。

★2012年8月17日 ワールドツアー第36戦

ハッピーバースデー、俺

【団体】ＬＬＡ【場所】ラパス【会場】Coliseo de Villa Victoria【試合】ディック東郷&バルバ・ネグラ&スパイ組 vs アハイユ&マテマティコ&ゲレーロ・アヤ組の3本勝負（メイン）。2対1でルード（ディック東郷組）の勝利。

ボリビアでひとつ歳をとった。この日はバースデーマッチだ。引退試合を見届けたいと、1週間前から妻がきてくれているし、43歳最初の試合を楽しもう。

朝7時に「テレビ局に宣伝に行くぞ！」と電話で叩き起こされ、10分で着替えて朝8時の番組に生出演。一旦、ホテルに戻って試合の準備をし、夕方6時に会場へ。

この日はお祭りで、会場がある広場には出店が出て賑わっていた。射的などでしばらく遊んでから会場に戻ると、まだ入場ゲートを作っている途中。ほかにも相変わらず、選手がきていないとかでバタバタし、結局、試合が始まったのは午後8時過ぎだった。

ボリビアのLLAの仲間たちと。サプライズ誕生日ケーキが登場。

試合も5試合の予定が4試合に。俺はメインの4試合目で、バルバ・ネグラ、スパイと組み、アハイユ、マテマティコ、ゲレーロ・アヤ組と戦った。

この日は時間無制限の3本勝負。1本目は我々ルード軍がテクニコ軍をボコボコにしてルード軍の勝利。2本目は逆転されてテクニコ軍の勝利。3本目は、まずはそれぞれ場外にダイブ。リング上は俺とアハイユの2人に。ピンチを金的で逃れ、すかさずペディグリーからのダイビングセントーンでカウント3つ。我々ルード軍が勝利した。

試合を終えて控室へ戻ると、室内が真っ暗だった。一瞬、停電かと思ったら、ロウソクの灯りとともにケーキを持った妻が登場。すぐ後ろから「ハッピーバースデートゥーユー♪」をスペイン語で歌いながら、全選手が出てきた。みんなが「フェリシダデス（おめでとう）」と言ってくれて、一人ひとりと抱擁。嬉しいサプライズだった。

妻は何日か前から知っていて、「内緒にして」と言われていたようだ。本当に、ＬＬＡの選手はみんないいヤツばかりだ。

ついに、ボリビアでの引退試合が、９月９日に決まった。

数日前、日本からメールがあり、ヤス・ウラノ、佐々木大輔、アントーニオ本多という３人の弟子たちが、引退試合に合わせてボリビアにくると書いてあった。つくづく良い後輩を持ったと思う。また、スペイン、ペルー、チリからも、ボリビアにきたいと言ってくれている選手もいる。実現すれば、９月９日はかなりインターナショナルなイベントになりそうだ。

★2012年8月24日　ワールドツアー第37戦

忍者スタイルで入場

【団体】LLA【場所】ラパス【会場】Coliseo de Villa Victoria【試合】ディック東郷 vs アハイユのシングルマッチ(メイン)。途中でスパイ→ジャガーが乱入しタッグマッチに。アハイユにダイビングセントーンを決めて勝利。

1日だけ忍者スタイルで福山半蔵に変身

この日のLLAは良かった。

何が良かったかって、まず選手がちゃんときた。

試合開始がいつもより早い夜8時ジャストだった。こんな当たり前のことが、素晴らしいと思えるようになってしまったのもおかしいが、珍しく進行がスムーズに進み、選手もちゃんときて全6試合が行われた。試合と試合の間のテンポも良く、お客さんもいつもより入っていた。

俺はメインでライバルのアハイユとのシングルマッチ。この日は忍者スタイルで入場だ。忘れた頃に突然現れるこの忍者スタイルで戦うのは、今回で3回目。しかも、そのたびに名前が違い、メキシコではニンジャ・ウォリアー、チリではグレート・チリ。ボリビアでは「福山半蔵」というキャラだ。忍者の格好をすると、思い出すのはユニバーサルで一緒だった中島半蔵（現・HANZO）。忍者をモチーフにした日本の覆面レスラーで、現在は広島県福山市に「フィットネスアリーナNAKASHIMA」を設立し、現役の傍ら後進の指導にあたっている。福山市で半蔵は元気にしてるかなと思っているうちに、リングネームが福山半蔵になってしまった。

試合開始5分経過。アハイユを場外に誘い出し、毒霧噴射。セコンドにいたスパイが加勢しアハイユをボコボコにすると、テクニコのジャガーがアハイユを救出に現れ、急遽タッグマッチに変更。最後はスパイがジャガーにスプラッシュ、俺がアハイユに福山式ダイビングセントーンを決めて勝利。

忍者スタイルはけっこう評判が良く、お客さんも盛り上がっていた。進行もスムーズだったし、毎週こうだといいんだけどね。

★2012年9月1日、ワールドツアー第38戦

お客さんがいなくて大会中止!?

【団体】LLA【場所】エル・アルト【会場】Celegio Juan Jose Torres【試合】ディック東郷&バルバ・ネグラ組 vs アハイユ&ゲレーロ・アヤ組のタッグマッチ。アハイユがバルバ・ネグラに450°スプラッシュで勝利。

今回の会場となったのは中学校。校舎の斜め前にあるイベント会場にリングが組まれ、お客さんがたくさん入ってくれた。会場が中学校だということもあり、子供たちが多くて賑やかだ。会場にはシルパンチョ（ボリビア名物の牛カツ）の屋台まで出ていた。

実はこの前日も試合の予定だったのだが、中止になっていたのだ……。

その日も時間通り会場入りするも、選手が2人しかおらず、リングもできていない状態。午後7時30分。リングがようやく完成。この時点で集まった選手は8人。8時開場……。のハズが、大問題発生。

肝心のお客さんがいない。

開場したのに、誰も入ってこないのだ。

これまでもお客さんが少ないときはあったけど、ゼロというのは初めて。

選手たちが何度も外の様子を見に行くも、みんな首を横に振りながらガックリして戻ってくる。

結局、夜9時まで待つもお客さんが現れず、モデストが控室に選手を集め、

▶エル・アルト

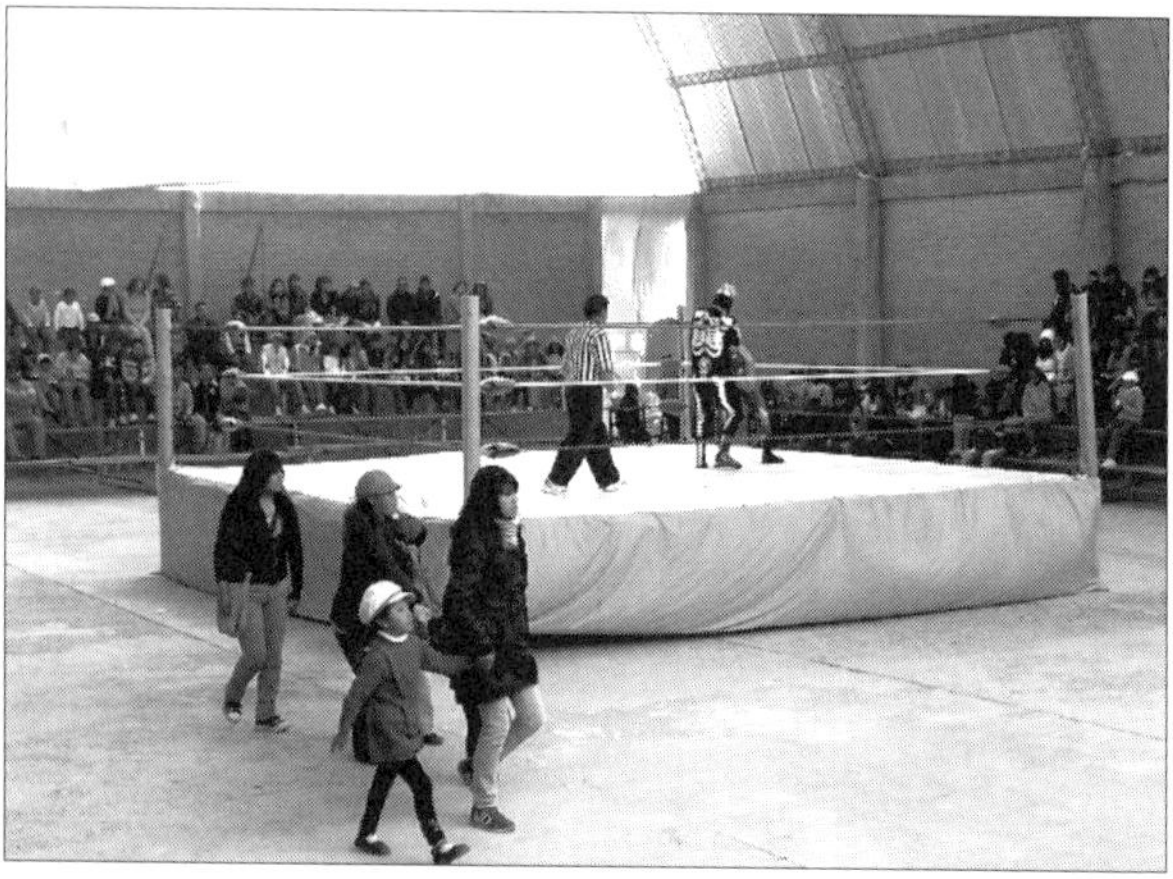
エル・アルトの試合会場。標高 4200 メートルかつ猛烈な寒さ。

悲しい顔で大会中止を伝えることになった。

帰り際、小学生くらいの男の子が3人きて「ルチャは？」と聞かれ、「今日はないんだ」と答えるのが心苦しかった。21年間プロレスをしてきて、お客さんがいないから中止というのは初めての経験だ。いや、できることなら経験したくなかった……。9日後に控えている引退興行は大丈夫なのか!?

そんな経緯もあり、この日に出場したメインの試合では、鬱憤を晴らすように大暴れした。再び「福山半蔵」としてバルバ・ネグラと組み、アハイユ、ゲレーロ・アヤ組と対戦だ。

真冬のエル・アルトは、とにかく寒かった。

この日のリングがある場所には、屋根は付いているものの、横から冷たい風がビュービューと入ってくる。それにここは標高4200メートルと、いつもの会場より500メートルほど高い。正直、攻めるのもキツい。それでも暴れるルード軍に、ペットボトル、ミカン、ポップコーンなどが、もう収拾がつかないくらい飛び交う。飛び散ったポップコーンには、試合中なのにやってくる野良犬が食い付き、もうめちゃくちゃだ。

試合は相方のバルバ・ネグラがアハイユの450°スプラッシュで敗れてしまったが、暴れるだけ暴れたせいか、気持ちがよかった！

引退試合の直前にもボリビアのテレビに出演。ギリギリまで宣伝を続けた。

引退前夜

引退に向けて、テレビ・ラジオ出演、ポスター貼り、宣伝カー回し、チラシ配りなど、宣伝活動が続いている。日本からヤス・ウラノ、佐々木大輔、アントーニオ本多もやってきた。チリからはワンチューロとアグレソール、ペルーからはアポカリプシス、メキシコからはウルティモ・チンゴンも加わった。

最後の練習にきたのは、モデスト、スパイ、ゲ

引退試合の宣伝のために、街をバイクで走ったことも。

レーロ・アヤというつもの3人。この3人は本当に上達したと思う。いよいよここエル・アルトでの練習も最後だ。

2012年9月8日。引退試合の前夜、弟子たちとアルゼンチン・レストランへ行った。アルゼンチンといえばパリージャ（炭火焼肉）でしょ！ということで、盛大な肉祭りが始まる。ワイワイやりながらも、俺の旅もいよいよ明日で終結するのだと思うと、心のどこかに寂しい気持ちもあったりした。

俺の引退試合のために地球の裏側からやってきた弟子たちよ。チリ、ペルー、メキシコからきたアミーゴたちよ。ありがとう。みんなで最後の食事ができたことが本当に嬉しかった。

食事の後、泊まっているホテルには戻らず、ある場所へ向かった。

それはコパカバーナホテル。

ゲバラがボリビアに潜入したときに泊まったホテルだ。部屋も、ゲバラが泊まった部屋。最後の夜はどうしてもここに泊まりたかったので、2週間前にホテルに行き部屋を確認し、予約しておいたのだ。

憧れていたあの部屋だ。入ってまずは、一心不乱に写真を撮りまくった。落ち着いて、ようやくベッドの上に大の字になりながら天井を見つめると、なぜだか分からない。急に涙がこぼれた。これまでの旅のこと、明日でプロレス人生が終わること、いろんなことが頭の中を駆け巡った。

なかなか脳が眠ってくれず、明け方ぐらいだろうか、いつの間にか寝ていたようだ。朝起きて窓を開け、きっとゲバラも見たであろう景色を見ながら、誰に言うでもなく呟いた。

「今日が最後の戦いになります！」

引退前の最後の晩餐。弟子やアミーゴたちに囲まれて幸せな時間を過ごす。

★2012年9月9日　ワールドツアー第39戦

最後の戦い

【団体】ＬＬＡ【場所】ラパス【会場】Coliseo de villa victoria
【試合】4対4イリミネーションマッチ。ディック東郷&佐々木大輔&ヤス・ウラノ&アントーニオ本多組vsアハイユ&アルコン・ドラド&ゲレーロ・アヤ&アポカリプシス組で戦い、アハイユが勝ち残り。

２０１２年9月9日、試合当日の朝。清々しい気持ちで目覚めることができた。コパカバーナホテルをチェックアウトすると、元々泊まっていたホテルへ移動。部屋に戻って試合の準備だ。「靴下、足首のサポーター、膝のサポーター、肘のサポーター、アンダータイツ、ショートタイツ、シューズ、バンダナ、ヨシッ！」

21年間、忘れ物がないように、いつも声を出しながら確認してきた。鞄にコスチュームを詰める作業もこれが最後だ。会場まではタクシーで向かい、午後1時30分到着。いよいよ、この日がやってきたのだ！

ボリビアにきて3ヶ月、ついに「コリセオ・デ・ビジャ・ビクトリア」にて、ディック東郷の引退興行が行われた。実は、すったもんだあって直前まで会場が決まらなかった。でも、何度も通ったこの会場、いつもきてくれるファン、色々な思いの詰まったこの場所を、どうしても最後の戦いの場にしたくて、無理を言って会場を貸してもらったのだ。

そして、この大会のためにボリビアまできてくれた選手たちがいる。誰にもオファーは出していないし、交通費もホテル代もみんな自腹。みんな気持ちできてくれたのだ。

会場に着くと、頭にポツリと何かが落ちた。雨が降ってきたのだ。

「今の時期、雨なんて珍しいなぁ」

そう呟いた俺に、アントンが一言。

「プロレスの神様が泣いているんですよ」

プロレスの神様か……。俺の引退試合を見にきてくれたのかな？ だったら嬉しいなぁ……。

引退試合のためにわざわざ日本から駆けつけてくれた弟子たち。左からアントーニオ本多、佐々木大輔、ヤス・ウラノ。

会場に入ると長老アルコン・ドラドがリングを作っていた。キャリア45年のベテラン選手なのに決して偉ぶることなく、常に率先して裏方に回る。この人には本当に頭が下がる。

開場してからは、まずはお客さんとの撮影会があった。そして、午後5時を回ったところで第1試合開始だ。この日は、全部で5試合。俺はメインイベント「8人タッグ・イリミネーションマッチ（フォール、ギブアップを取られた選手から退場）」に出場する。

メインイベントのカードは、ディック東郷、佐々木大輔、ヤス・ウラノ、アントーニオ本多組vsアハイユ、アルコン・ドラド、ゲレーロ・アヤ、アポカリプシス組。

このカードは、自分が考えた。最後に日本からやってきた弟子たちと組みたかったからだ。そして、相手チームにはアミーゴでもあり、ファミリーでもある4人を選んだ。


入場時、ボリビアで初めて自分のテーマ曲（Cypress Hill/Insane in the Brain）が流れた。条件反射なのだろうか。自然と気合いが入る。両チームがリングインすると、両国の旗を掲げ国歌斉唱。それが終わると、レフェリーの合図で最後の試合が始まった。

最初に出たのは、佐々木大輔とゲレーロ・アヤ。佐々木大輔は日本で初めて教えた選手。そしてゲレーロには、ボリビア滞在中ずっとプロレスを教えてきた。そう、俺の最初の弟子と最後の弟子の対決だ。

2人とも俺が教えた通りのレスリングをしている。きっとニヤニヤしていたことだろう。そんな2人の姿をコーナーで見ていたら、俺のプロレス人生は間違ってなかったと思えた。

引退試合は国歌斉唱で始まった

しかし、そんな感慨に浸ってる場合じゃない。試合は続いているのだ。

忘れてならないのが、ここは標高3650メートルの高地だということ。長期戦になったらボリビア人にはかなわない。そこで作戦決行だ。

60歳の長老にターゲットを絞り、他の3人を場外に蹴散らす。4人で長老をいたぶった後、アントンが得意のフィスト・ドロップでとどめを刺した。親父狩り成功！

今度はキャリアのないゲレーロをいたぶる。するとウラノがいきなりシルバー・ブレットを見せた。日本で使っているのは知っていたが、生で見るのは初めて。俺もすかさず本家のシルバー・ブレットを見せつける。

ゲレーロに海援隊ピラミッドが炸裂！

そして、アントンと佐々木がゲレーロを両サイドから押さえつけたところに、俺が飛び乗り、〝海援隊ピラミッド〟！　キャリア初期からずっと使い続けてきた海援隊ピラミッドもこれで出し納めだ。そこへ、ウラノがゲレーロの顔面に強烈なドロップキック。すぐに佐々木が得意技を決めてフォール勝ち。これで4対2だ。

試合が長引くにつれ、だんだん日本チームに疲れが見えてきた。そこをつけこまれアントン、ウラノの高山病コンビが一気に2人まとめてフォール負け。これで2対2になる。

ここから日本チームも粘る。チャンスがあればやろうと言っていた、佐々木とのクロスフェイスの競演。そこから相手の誤爆を誘い、アポカリプシスに得意技のダイビングセントーンを決めてフォール勝ち。これで2対1。残るはアハイユ1人だ。

しかし、スタミナで優るアハイユが佐々木を蹴散らす。自分もケブラドーラ・コン・ヒーロをもらい場外へエスケープしたところに、さらにスイング式DDTを場外で喰らい、流血。その間に佐々木がアハイユにフォォールを奪われ、1対1に……。

ボリビアで唯一ライバルだったアハイユと、ひたすら殴り合う。お互い意地の張り合いだ。終盤、クロスフェイスやダイビング・セントーンを決めるも、どれも返されてしまった。もう呼吸が苦しくて、徐々に体が動かなくなってくるのが分かる。

完全に自分の手が止まったとき、アハイユの猛攻撃が始まる。このとき、彼が攻撃しながらマスク越しに泣いているのが分かった。彼の涙ながらの攻撃に、「あぁ、俺はついに引退するんだなぁ……」と実感した。

最後はアハイユの得意技である450。スプラッシュが完璧に決まった。カバーに入ったアハイユは号泣。俺は返すことができず、カウントスリーを聞いた。

アハイユの1人残りで、ボリビアチームの勝利だ。

引退試合が終わった。肉体的ダメージと号泣でしばらく立てなかった。

引退セレモニーではアハイユが俺との思い出をスピーチしてくれた

俺は大の字のまま、しばらく起き上がることができず、ただただ涙だけが溢れてきた。初めてターミナルで会った日のこと、エル・アルトで練習した日々、テレビ局での宣伝活動、初めてエビを食べたときの満面の笑み、お客さんがゼロだったこともあったっけ。いろんなことが走馬灯のように駆け巡る。

これで俺のプロレスラー人生が終わったのだ。

試合後、全選手がリングに上がり引退セレモニーが始まった。日本とボリビアの国旗の交換だ。

そこでアハイユが突然マイクを取り、初めて俺がボリビアにやってきたときのことを話し始めた。ゲレーロ・アヤもバルバ・ネグラも、ペルーからきたアポカリプシス、チリからきたワンチューロやアグレソールもみんな泣いていた。ボリビアのお客さんも最後の最後まで拍手を送ってくれた。

実は、ワールドツアーの構想を練り、ボリビアを引退の地にすると決めたときは、発表も10カウントゴングも何もせず、自分の中でひっそりと終えるつもりだった。しかし、ツアー中に「引退はいつどこで?」「時間が合えば行きたい」「いや合わせるから日程を教えて欲しい」などと言ってくれる人たちに出会い、さらにはボリビアでも協力したいと言ってくれる人たちに出会い、こんなに盛大に引退試合をすることができた。

万雷の拍手に見送られながら、最後は弟子とともに花道を去る

1人の日本人プロレスラーのために、引退興行を行ってくれたボリビアのレスラーたち。日本からやってきた弟子たち。ペルー、チリ、メキシコからやってきたアミーゴたち。この一戦を見るためだけに日本からやってきてくれたファンの方。

本当にありがとう! ディック東郷の最後をボリビアにして本当に良かった。

そして、アハイユ……いや、モデスト。君の友情は永遠に忘れないよ。

Muchas gracias por todo!

【エピローグ】
それからのディック東郷

最後の試合を終えてから1ヶ月ほど放浪し、日本に帰国したのは10月。さあ、金も尽きたし働こうと思ったが、若い頃からプロレスばかりの俺にはそれほど仕事の選択肢はなく、そのあと1年間、肉体労働をした。正直つまらなかったけど、生きていくためだから仕方がない。朝5時に起きて夜まで毎日働いた。

とはいえ、自分が楽しいと思わない仕事にどんな意味があるのか。日本がダメなら海外に仕事はないだろうかと考えていたとき、とある人物から「ベトナムでプロレスを教えてほしい」という話が舞い込んだ。なんでも大きなショッピングモールを作る計画があり、そのワンフロアにリングを常設し、定期的にプロレス興行を行う予定なのだという。そこで選手の育成をしてほしいという依頼だった。

つまらない日々を送っていた俺には、渡りに船だ。どうせ日本にいてもしょうがないし、すぐに日本の生活を片付けてベトナムに渡った。しかし行ってみると肝心の計画は頓挫していて、話を持ち込んだ当人は外国に雲隠れしていた。まあ、ちょっとした詐欺だ。

途方に暮れていた俺に救いの手を差し伸べてくれたのが、ベトナムの老舗ホテルの中でカジノを運営していた社長だった。経営しているカジノで、用心棒のようなことをやってみないかという。何のあてもなかったのでありがたかった。それから2年間、カジノの用心棒をした。地元のマフィアと揉めて、これは本当に殺されるかなということも何度かあった。何年続けるのだろうかと思ったこともあるけど、ほかにやりようはなかった。

用心棒の仕事は夜の7時から朝の4時まで。それ以外の時間で、自分でプロレスの育成をしようと奮闘していた。ベトナムで新たに知り合った人に協力してもらい、日本からリングを運び込み、日本でも練習生を募集し、ゼロから基盤を作っていった。そのときにきたのが、みちのくプロレスでデビューした大瀬良《おおせら》泰貴《やすたか》と、シンガポールでGrapple MAXというプロレス団体を立ち上げたグレッグ。2年間の成果は、その2人だけだ。ちなみに、いつもウェイトトレーニングをしているジムにベトナム語で生徒募集の張り紙を出したが、ベトナム人は1人もこなかった。たぶん痛いのは嫌いな人が多いんだな。

そんなある日、また転機が訪れた。カジノの社長の知り合いだった大使館の人から、フェスでプロレスをやって欲しいと言われたのだ。カジノのオーナーも「お前が試合するなら金を出す」と言ってくれた。プロレスへの思いは抑え込んでいたが、久しぶりに舞い込んだ面白そうな話だし引き受けることにした。あとは日本から何人か呼べばできるだろう。仕事の合間に着々と準備を進めた。

フェスの当日は土砂降りだった。リングが設置されているのは、屋外。屋根がないのでリングは最悪のコンディションだったが、会場にはたくさんのお客さんが集まってくれていた。リングを取り囲むようにして、試合が始まるのを待っている。プロレス団体なんてないベトナムでは、ほとんどの人がプロレスを見るのは初めてだ。

雨が降り続く中、試合決行。リングに相手を叩きつけるたびにバシャーンと水しぶきが飛び、そのたびにお客さんは大興奮。歓声とも怒号とも分からない声が会場いっぱいに響き渡り、熱気は最高潮だ。久しぶりに歓声を浴びていると、それまで抑え込んでいたプロレスの思いが熱く湧き上がるのを感じた。眠っていたものが、一気にえぐり出される感じ。

世界一周ツアーを終えたとき、実は誤算があった。体がめちゃくちゃ動くのだ。引退ツアーを終える頃には自分はもうボロボロになっているだろうと勝手に思い込んでいたが、終わってみてもピンピンしていた。なんだ、まだ全然できるじゃん。しかし世界中のレスラーたちからあんなに温かく送り出してもらっておいて、まだプロレスを続けるなんて人としてやっちゃいけない。やはりおとなしく引退して、プロレスに関わるとしたら指導だけだ。そう考えて、習慣でトレーニングは続けていたが、復帰への思いには蓋をしていた。

しかし、興奮したお客さんの大きな歓声を浴びていると、蓋をしていたプロレスへの思いがまた湧き出してしまった。やはりプロレスをするのが好きだ、俺の生きる道はここしかないんだと。

そして恥を偲んで復帰宣言をし、今に至る。送り出してもらっておいて申し訳ないと思いつつも、復帰したことを報告すると、みんな好意的に受け止めてくれた。もう引退はしない。生涯現役だ。

世界ツアーからもう8年。旅で出会った選手たちの状況も大きく変わった。アルゼンチンのヒップホップマンは、最近はメキシコの最大手団体CMLLに参戦している。チリで出会ったときはまだ大学生だったワンチューロは、あのあと日本にきてプロレスを学び、今はチリに戻ってプロレス学校を作り、若い選手の指導にあたっている。そしてアハイユも念願の「アハイユ道場」を立ち上げた。

また、世界のプロレスの状況も変わりつつある。今はアジアでプロレスが盛り上がっていて、シンガポール、マレーシア、タイにもよく行く。この盛り上がりなら、アジア・サーキットをするのも面白いかもしれない。あと、いつか引退ツアーで回った国にもう一度行って、恩返しツアーもしたい。

でも今は、ただプロレスができるだけでありがたい。それが正直な気持ちだ。

著者紹介

ディック東郷（でぃっく・とうごう）

●170cm／90kg●得意技／ダイビングセントーン、クロスフェイスロック●タイトル歴／KO-D無差別級王座、東北ジュニアヘビー級王座、英連邦ジュニアヘビー級王座、IWGPJr.タッグ王座　ほか●入場テーマ／Cypress Hill “Insane In The Brain”

1969年8月17日生まれ。秋田県出身。高校卒業後、製紙会社勤務を経て91年ユニバーサル・プロレスリングよりデビュー。98年WWF入り。帰国後はみちのくプロレス、DDTなど多くの団体で活躍。2004年にはプロレスラー養成所SUPER CREWを立ち上げる。11年6月に国内引退。同年8月からワールドツアーを敢行し12年9月ボリビアで引退。16年7月に電撃復帰。その技術の高さから〝レスリングマスター〟とも呼ばれ、国内外で試合・選手の指導を行う。プライベートでも海外旅行好きで、いちばん好きな国はキューバ。リングを下りれば動物、スイーツを愛する一面も。

編集協力：明知真理子

東郷見聞録　～世界一周プロレス放浪記～

2020年1月24日　第1刷

著　者　ディック東郷

発行人　山田有司

発行所　株式会社　彩図社
東京都豊島区南大塚3-24-4
MTビル　〒170-0005
TEL：03-5985-8213　FAX：03-5985-8224

印刷所　シナノ印刷株式会社

URL https://www.saiz.co.jp　Twitter https://twitter.com/saiz_sha

ISBN978-4-8013-0425-3 C0095